지조를 지킨 지도자들

월남 이상재

김경옥

도서출판 월인

전기와 참된 실명소설

전기는 편년대編年代로 사실을 기록한 것이다.

실명소설은 어디까지나 그 인물의 전기적 사실에 더하되, 그 사람의 성격이나 철학을 살펴 작가의 창작적 상상력을 최대한 살려 그 사람의 그런 성격과 철학으로는 충분히 그런 행동을 하겠다고 생각한, 곧 개연성蓋然性으로 새로이 창작하는 작업이다.

다른 나라의 보기를 들면, 영국의 셰익스피어Shakespeare의 <햄릿Hamlet>이나, <맥베스Macbeth>, <리어왕King Lear>, <오셀로Othello> 등의 4대 비극을 비롯해서, 유명한 <로미오와 줄리엣Romeo and Juliet>과 그 밖의 모든 작품들을 들 수 있다.

우리나라에 있어서도, 춘원 이광수春園 李光洙의 『이차돈異次頓의 죽음』, 『성웅 이순신聖雄 李舜臣』, 『단종애사端宗哀史』 및 『원효대사元曉大師』 등과 월탄 박종화月灘 朴鍾和의 『금삼錦衫의 피-연산군燕山君의 이야기』, 『자고 가는 저 구름아-世宗大王의 이야기』, 그리고 팔봉 김기진八峰 金基鎭의 『청년 김옥균青年金玉均』 등과 벽초 홍명희碧初 洪命憙의 『임꺽정林巨正』, 근래의 최인훈崔仁勳의 『상도商道-임상옥林相玉의 성공비화』와 그 밖의 여러 소설, 황석영黃晳英의 『장길산張吉山』 등 이루 헤아릴 수 없이 많다.

이 모든 창작물들은 지은이의 무한한 상상력이 무지개 빛 꿈을 좇아 푸른 하늘을 누빈 천재적인 달걀 노란 자위들인 것이다. 마침내는 그 사람의 전기적인 사실이 뼈대가 되고 거기에 창작자의 상상력이 살갗이 되어 옷을 입히게 되었던 것이다. 곧 앙상한 마른 나뭇가지에 마치 연인의 눈처럼 콩깍지가 끼게 된다. 물론 사실주의의 옷인 참모습보다 더 참되게 보이는 허구인 예술이 자리잡게 되었던 것이다.

『지조를 지킨 지도자들-월남 이상재月南 李商在』는 그의 곧은 절개와 풍부한 해학성, 천재적인 시재詩才를 두던하고 젊었을 때 벼슬과 <독립협회>에 투신해서 백성을 위해 목숨을 내걸고 싸운 파란만장의 생애를 그리려고 했다.

특히 철저한 개혁의지로 여러 번 사형을 당할 뻔 하였으나 백성들의 안녕과 평등생활을 위해서, 또 썩은 벼슬아치들의 숙청과 간상배들을 내쫓기 위해서는 물불을 가리지 않는 참대 같은 꿋꿋한 선비이기도 했다.

기독교에 귀의해서는 <기독교청년회> 사업에 전념하였으며, 우리나라 최초의 방송국 개설자이기도 했다. 노년에는 <신간회新幹會>를 위해 마지막 봉사를 하다가 저 세상 하늘나라로 갔다.

<신간회>의 회장취임도 극구 사양하였으나, "월남 선생이 아니 나오시면 청년들이 따르지 않을 것입니다"라고 최측근인 우창 신석우于倉 申錫雨가 반협박하다시피 하자 그 청년이라는 말에 마음이 움직여 결국 회장직을 맡게 되었다고도 한다.

<소년 척후대Boy Scout>의 회장을 지낸 바도 있어 <사회장>으로 한산모시의 본향인 충청남도 서찬군 한산에 시신을 모셨다. 겨레의 높은 스승으로서 거인의 마지막 길을 온 겨레의 슬픔 속에서 하늘나라로 갔다.

그는 상해의 <대한민국임시정부>에서 여러 차례 최고 통치자로 모시겠다고 간청했으나 번번히 거절했다. <황성 기독교청년회>를 일본인들이 강제로 지배하려고 갖은 계략과 회유로, 심지어는 폭력단을 동원하여 테러까지 감행했으나 끝끝내 지켜냈던 것이다. 지독히도 대나무 같이 곧고 맑은 인품의 가난한 선비의 상징인 <월남 이상재>야 말로 근대한국의 큰나무 같은 사표라고 하겠다.

차례

불거지는 근대의 새로운 힘 9

간신 이완용의 복수극 14

이상재의 진정한 바람 35

항명 43

늙은 청년 73

바위와 달걀 88

나라를 빼앗기고 96

삶과 죽음의 갈림길 118

다시 태어난 이상재는 나라 찾는 일에 또 뛰어들게 된다 122

이번에는 또 다른 방법의 항일운동 136

항일은 실력배양으로 144
역시 기독교 청년회로 164
언론을 새 병기로 177
<신간회>의 회장을 억지로 190
이름 뿐인 총수 199
장엄한 사회장의 209
월남의 자랑 두어 가지 215
독립협회 늙은 청년 월남 이상재의 한평생 238
이렇게 살아왔다 252

불거지는 근대의 새로운 힘

만민공동회

"쇤네는 여태것 개 돼지만도 못한 놈이구 천대 받아 온 천한 백성으루, 언감생심 이런데 나와 여러분 앞에서 말을 할 자격이 없었이유. 헌데 쇤네를 내세워주신……."

옆에 앉아 있는 좌옹 윤치호와 월남 이상재에게 정중히 인사를 하고 나서,

"좌옹 선상님, 월남 선생님께 우선 고맙다는 말씀을 사뢰구 말을 시작하겄이유!"

금세 눈물이 쏟아지려는 걸 간신히 참는 것 같았다. 물론 장내는 조용했다. 장내라야 아직 잘 다듬어지지 않아 울퉁불퉁한 한성漢城의 종로鐘路 네거리지만. 연단에는 천한 백정인 시골뜨

기가 눈물을 삼키려고 애쓰면서 그래도 너무 기뻐서 통곡을 간신히 참는다. 쏟아지려는 눈물도 속으로 훔친다.

"나는 지천하구 몰지각한 자이오나 나라에 충성해야 하구 나랏일을 도와야 한다는 도리는 잘 알구 있구만요."

한참 동안 역시 솟구쳐 오르는 흐느낌을 억제할 수 없는 듯 잠시 머뭇거리다가,

"성은 박가이구 이름은 성춘이라구, 짐승을 잡아서 그날 그날을 입에 풀칠하면서 살아가는 천한 백정이올시다."

그러자 종로 네거리에 모인 군중은 웅성거리기 시작한다. 그리고 그 박성춘朴成春이라는 연사는 잠깐 머뭇거리다가 자기의 기막혔던 지난날이 머리에 스쳐갔던 모양이다.

"그건 그렇구! 오늘날 같은 판국에서 나라를 돕구 백성을 위하는 일에 쇤네 같은 천한 백성이 나설 수 있다문 기꺼이 한목숨 바치것습네다! 정말 고맙구만유!"

박성춘은 연단 위에 다시 꿇어 엎드려 단 아래 의자에 앉아 있는 좌옹과 월남에게 정중히 큰 절을 올린다. 터지는 박수소리에 천지가 진동한다.

1898년 11월 29일, 아직은 이른 겨울이어서 쌀쌀하였다. 그래도 종로-지금의 세종로-옆 네거리는 인산인해로 발 디딜 틈새도 없을 만큼 꽉 매어졌었다. 물론 이 날에는 장사를 설치했었던 육이전六矣廛인 종로거리는 물건을 팔고 사는 장사꾼들과 서민들이 붐비던 곳이지만 모두가 가게 문을 닫고 모처럼 모이는

<만민공동회>-완전히 고대 그리스의 직접 민주주의 모습을 방불케 했다-에 장사꾼들과 구경꾼들이 모여들었던 것이다. 통계에 따르면 그 당시 이씨왕조 수부인 한성의 총 인구가 17만이었다고 하고, 이날 모인 군중이 1만이었다고 하니 가히 짐작이 간다. 한성이 생긴 뒤에 처음으로 사람의 바다로 이루어졌다고 할 것이다. 그 <만민공동회>는 바로 새사회 백성이 다스리는 민주주의 세상을 이룩하려는 개혁의 뜻을 가진 좌옹 윤치호와 월남 이상재가 주도한 <독립협회>의 주도로 모였던 것이다.

말을 마친 백정출신 박성춘은 연단에서 성큼성큼 걸어 내려와서 북받쳐 오르는 흐느낌을 참지 못하는 듯 흐뭇한 얼굴로 바라보고 있는 좌옹 윤치호와 월남 이상재의 앞으로 다가가 다시 한 번 넙죽히 엎드려 큰 절을 올렸다. 백정 출신인 박성춘은 어떤 계층이든 귀천을 따지지 않고 모두 아들 딸로 사랑하는 조물주 하느님의 큰 사랑의 품 안에 안겨 만민을 오로지하는 하늘의 큰 뜻을 받들어 새로이 태어난 기쁨이 온 몸에 넘쳐 흘렀던 것이다.

민중의 박수 소리에 한성을 에워싼 남쪽의 남산인 목멱산木覓山, 서쪽의 인왕산仁旺山, 동쪽의 낙산駱山, 북쪽의 북악北岳이 화답한 우뢰소리로 진동했을 것은 당연했다. 500년 동안 짓밟히고 억눌려서만 살던 질곡의 세월부터 그 크나큰 한을 뿌리치고 벗어나려는 몸부림이었다. 그 우렁찬 메아리 소리야말로 몸부림의 요동이었다. 꽁꽁 묶였던 쇠사슬에서 풀려나는 기쁨의 소리인지도 모른다. 1만명의 승화된 기쁨의 함성이 가슴을 뚫고 나와 하늘을 휩쓰는 소리인지도 모른다.

낯선 시골뜨기

이때 어떤 시골뜨기 소년이 불쑥 뛰쳐 나와 월남 이상재 앞에 다가가 서며,

"선상님. 저두 한마디 하문 안 되가시오?"

"으응? ……."

"전 피안두-평안도-에서 올라온 안창호라는 총각인데요, 바루 앞에서 연설한 사람이 하두 시언찮아서 내가 한마디 하가시요!"

"그러시구려"

월남 이상재는 그 총각이 조금쯤 당돌하지만 용기가 가상해서 선뜻 내세우고 싶어졌던 것이다. 또 이 자리는 누구나 말을 할 수 있는 <만민공동회>이기도 했던 것이다. 사람이란 대중 앞에서 하룻강아지 범 무서운 줄 모른다는 속담처럼 그저 설치기만 하는 것은 만용이지만, 정작 할 말도 못하는 비겁자가 아니고 대중 앞에서 떳떳하게 자기 뜻을 밝히는 것은 진정으로 용기가 없으면 안되는데, 그 소년은 용기가 있어 보였던 것이다.

월남은 사람 보는 눈도 가지고 있었다. 바로 그러한 용기가 썩고 낡아 문들어진 벼슬아치들을 몰아내는 진정한 동기도 되

지 않겠는가! 잘하면 좋은 협력자를 얻을 수도 있을는지 모른다는 생각도 얼핏 머리를 스치고 지나갔던 것이다. 월남은 선뜻 허락했다.

그리고 웅성거리는 대중을 향해 조용하라고 달래고 나서,

"여러분 지금 여기 평안도에서 올라 왔다는 안창호라는 젊은이가 한마디 하겠다는데 여러분 소견은 어떻소?"

"좋소!"

박수가 터져 나왔다.

"그럼 조용히 들어주시구려!"

그리하여 안창호는 대중 앞에서 연설하는 웅변의 소질을 검증 받았던 것이다.

간신 이완용의 복수극

러시아 정부의 강압

좌옹과 월남이 주동한 <독립협회>-실은 서재필이 창설했지만-의 <만민공동회> 주장은 호락호락 이루어지지 않았다. 그건 이미 짐작한 일이었다. 엿장수 마음대로가 아니었다. 걸림돌이 옆구리에서 튀어 나와 비수처럼 찔러왔다.

그건 한 때 <독립협회> 위원장이었던 이완용이 그놈의 돈이 무엇이관대 그 돈을 좋아하다가 부정을 저질렀다. 그래서 위원장 자리에서 쫓겨났던 것이다. 그 쫓겨난데 대해 원한을 품고 복수의 칼날을 들이대었던 것이다.

일찍이 제정帝政 러시아의 황제는 이제 조선정부를 강경하게 눌러야겠다는 판단아래 온건한 웨버karl Ivanovichi de webber 공사를 갈아치우고, 강경파인 스페이어Alexei de Speyer 공사로 바꾸었던 것이다. 러시아는 본디부터 극동에 1년 내내 얼지 않는 부동항不凍港을 절실히 욕심내고 있었는데 마침 은자의 나라, 아침이 고요한 조선이 벌거숭이로 나를 잡아 잡수하고 열강 앞에 그 알몸을 드러내놓고 있었던 것이다.

그런가 하면 바로 이웃인 바다 건너 간교한 살쾡이 <일본제국>도 그 날카로운 이빨을 바드득 거리고 있었다. 그들은 건달패-직업이 없는 낭인浪人-들로 하여금 <대한제국>의 황궁인 경복궁 안까지 쳐들어가서 때의 실권자 명성황후를 학살하고 그것도 모자라서 그 시체를 불태워버리는 만행까지 저질렀던 것이다. 그리하여 그 남편, 전제군주 고종황제는 1년 동안이나 러시아의 공관에서 정무를 보았다. 이른바 아관파천俄館播遷이란 치욕을 겪었던 것이다. 그리하여 <대한제국>은 철도부설권鐵道敷設權, 광산채굴권鑛山採掘權 등 주요 권한을 러시아에게 양도 아닌 빼앗김을 당했던 것이다.

뿐만 아니라 강경파인 새로 부임한 스페이어 공사는 의례적인 예방자리에서 친러파의 실권자 이완용에게,

"실은 중국 상해에 떠돌고 있는 여러 나라의 퇴역군인들이 좀 있는데 그들을 모아서 이용할 데가 없을까요?"

넌지시 떠보았다. 그러자 이완용은 번개처럼 스쳐가는 바가 있었다.

'그렇지 이번 기회에 고종황제에게 충성을 보여 주어야지!'

"그들로 하여금 호위대를 삼으면 안성맞춤인데……."

그러자 스페이어 공사는 무릎을 탁치며,

"그거 참 좋은 구상이요!"

물론 다분히 과장된 표현이지만, 스페이어 공사는 마치 뜻하지 않은 큰 수확이나 얻은 듯 기뻐했다.

"적극 추진하시오. 헌데…… 그 <독립협회>인가 뭔가가 가만 있을까요?"

이완용도 잠깐 머뭇거렸다. 아닌게 아니라 사사건건 말썽을 부리는 윤치호, 이상재 등의 잔뜩 벼르는 눈초리가 머리를 스치고 지나갔다. 이어 고개를 흔들었다.

"그건 문제 없소. 내가 최고 책임자이니까."

그래도 역시 찜찜했던 것이다. 내심은 아무래도 꺼림칙했다. 더욱이 곧고 깐깐한 이상재가 마음에 걸렸던 것이다. 예측대로 만능의 칼을 휘둘렀던 권신 이완용은 그 대가로 뇌물을 받고 그것이 빌미가 되어 마침내 <독립협회>의 위원장직에서 파면된 것이다. 발목이 잡혔던 것이다. 그러자 이완용은 이상재에 대해 깊은 앙심을 품게 되었다. '그렇지 언젠가는 본때를 보여주어야지.' 바드득 이를 가는 것이었다.

민중! 힘의 뿌리

대낮에 괴물이 나타났다. 그것도 이씨 조선의 수부인 한성거리에 말이다. <만민공동회>라는 괴물이 하늘로부터 떨어졌는지, 땅으로부터 솟아났는지 구름 떼처럼 인민의 물결이 거리를 휩쓸고 있었던 것이다. 정부의 고관들로부터 밑바닥의 백정이라는 인비인까지 마치 형제들처럼 손에 손을 맞잡고 어울려서 그동안 가장 설치던 러시아를 비롯한 모든 외국세력을 배척하고 지나친 간섭을 하려는 일본을 열렬히 규탄하였다.

"아라사는 물러가라! 북극 곰은 시베리아루 돌아가라!"

"가라 가라!"

"가라 가라!"

거리 주변에 모여 있던 백성들에게서 박수가 터져나왔다. 한성을 에워싼 모든 산들이 메아리쳐 화답하고 당장이라도 한성 장안이 그 흐름에 흘러나갈 듯 했다. 거센 소리의 물결이었다.

이에 화가 머리끝까지 치민 스페이어 러시아 공사는 그 민중의 외침을 듣자마자 그 길로 전제군주 고종황제에게로 달려갔다. 뿐만 아니라 일본공사도 고종황제에게 알현을 서둘렀다. 숨이 턱에 단 두 나라 공사를 맞은 고종은 약간 당황했다. 두 나라의 공사가 조금은 무섭기도 했던 것이다.

"폐하 어쩌시렵니까?"

"예에, 뭐요?"

"이 깊은 구중궁궐 속이라두 저 거리에서 아우성치는 민중의 함성을 못 들으실리 없으실터인데요!"

이번에는 일본 공사가 다그쳤다.

"어쩌시렵니까?"

반협박적이었다. 금세 옥좌를 덮칠 듯 그 거세고 날카로운 네 개의 눈빛이 쏘아왔다.

"좋소. 중신들을 모아 곧 의논을 해보겠소! 우선 물러들 가시오!"

마음이 여린 고종황제는 거센 민중의 함성과 러시아와 일본 두 강국의 압력 중간에 끼어서 깊은 밤중에 중신회의를 긴급 소집했다. 그 중신회의도 중구난방이었다. 이완용과 조병식 등 친러파들은,

"폐하! 그까짓 하찮은 천한 백성들의 소리 따위는 묵살하십시오. 망극한 말씀이오나 마음을 쓰시지 않으셔두 되실 줄 아옵니다, 폐하."

"그렇지 않사옵니다. 백성들의 외침은 나라를 사랑하는 충성심에서 나온 고함입니다. 혜량하옵소서!"

"아닙니다. 천한 백성들의 소리에 귀기울여 들으실 것 없습니다. 괘념 마옵소서!"

"이완용 대감, 조병식 대감 두 분 대감님들은 어느 나라 신하들이십니까?"

"……?"

"저 거리를 휩쓸고 있는 백성들의 외치는 소리가 들리지 않습니까! 그것이 우리나라 인민들의 아우성입니다. 저 윤치호는 그들의 한을 조금이라두 풀어주어야 할 것으루 여기구 있습니다. 폐하! 주상께서는 저 백성들을 다스리시는 이 나라의 군주

이십니다. 오래오래 성군으로 남으시려면 저 외침을 꼭 들어주셔야 하리라 믿습니다. 결단을 내리십시오!"

그리하여 심약한 고종임금도 마침내 민중의 편에 손을 들어주었던 것이다. 강대국 러시아와 섬나라 살쾡이 <일본제국>은 닭 쫓던 개꼴이 되었던 것이다. 1898년 4월에 맺었던 <로젠-야마가다-Rossen 산현山縣> 협정은 1904년까지 6년간이나 이어졌지만 마침내 물거품으로 사라졌던 것이다.

그리고 마침내는 그 해인 2월에 일본은 러시아에 대해 <선전포고>를 하고 <대한제국> 땅 평양과 중국 땅 만주에서 싸움을 벌여 러시아가 짐으로써 전쟁은 싱겁게 끝나고 말았던 것이다. 그러는 동안에 조선 반도 안의 국제정세는 눈코 뜰새 없이 소용돌이쳤다. 그러면서 힘의 역학은 <대한제국> 왕조에게 불리하게 돌아갔던 것이다.

마침내 이상재가 이끄는 <독립협회>도 피나는 싸움을 벌였으나 그건 강대국 러시아와의 싸움에 이겨 의기등등한 섬나라 살쾡이 <일본제국>군 앞에서는 달걀로 바위 치기였다. 그렇다 치더라도 <독립협회>는 <독립협회>의 이상재대로 몸 속의 병균이었던 사대주의의 권화 이완용을 완전히 도려내는데 성공했던 것이다. 썩어 문들어 질 수밖에 없는 낡고 케케묵은 상투 냄새 벼슬아치들을 빼버리고 만민들이 고루고루 잘 살수 있는 새로운 개명천지를 열어 나갈 머리가 깬 사람들로 이제 <독립협회>의 새로운 팀을 짤 수 있었다. 우선 사상적으로 이론적으로 이끌어 나갈 최고 지도자로 좌옹 윤치호를 회장으로 추대하고 실질적인 야전사령관으로서 월남 이상재를 부회장으로 앉혔다. 그 밖의 임원으로는,

서　　기: 한만용韓晩容과 박치우
회　　계: 이일상
사법위원: 남궁억南宮檍, 정교鄭喬
평 의 원: 이상재, 남궁억, 정교, 이건호, 방한덕, 김두현, 염중모, 김구현, 유맹, 현재창, 정항모, 홍정후, 조한우, 변하진, 윤태흥, 나수연, 인진수 등 20명.

이상재는 가슴 뿌듯했다. 전열을 가다듬었기 때문이다. 물론 싸워야 할 상대는 힘에 겨운 버거운 상대들이었다. 때로는 사람일 수도 있고 외국 나라일 수도 있고, 또 사회의 부조리 들일 수도 있었다. 아니 자기 자신일 수도 있었다. '그러기 때문에 오히려 힘이 솟는게 아닐까! 아니 힘을 내야지!' 월남은 불끈 주먹을 쥐었다.

첫 출진

물론 모든 대원들은 굳게 믿고는 있지만 그 중에서 그야말로 만일의 사태가 벌어졌을 때 자기 대신에 끝까지 부대를 이끌

수 있을 것이라고 생각되는 사람을 골라 두는 것이고 구태여 말하자면 좌청룡 우백호로서 이상재는 이건호와 정교를 공식적으로 보좌관으로 지명했다.

첫 번째 사업으로 지금까지 조선을 다스려 온 것은 전제군주인 대황제였는데, 그것을 백성들이 주권행세를 해야하는 새로운 세상으로 바꿔 놓아야 하는 일이다. 그래야만 썩어져 가는 정부 속의 벼슬아치들을 몰아 낼 수 있다고 오래 전부터 느끼고 있었다. 썩은 상처는 꼭 도려내야 한다. 무엇보다도 우선해야 한다.

이상재의 곧은 성격으로서는 당장이라도 그렇게 서두르고 싶었지만, 나이가 차차 들면서 자연히 터득한 경륜으로 곧고 강하기만 하면 부러질 수도 있다는 진리를 깨달아서 차근차근히 해야 한다는 슬기를 터득했다.

이상재는 마음 속에서 이렇게 생각했다.

'정부 안에서 벼슬하는 사람들은 임금의 신하요, 백성의 종이라. 종이 상전의 정세와 사정을 자세히 알아야 그 상전을 잘 섬길 터인데 조선은 거꾸로 되어있어……. 법 지키는 사람들에게는 순검들이 그 사람의 종으로 생각하여야 옳고 다만 순검뿐만 아니라 정부에서 월급 타먹고 있는 대소 관원은 모두 법 지키고 있는 백성들을 종으로 생각하고 일을 하지 않아서는 안 된다.'

이상재는 근 50여 년을 살아 오면서 스스로 터득한 이런 철리를 실제 백성들의 살림에 펴보고 싶은 생각으로 뒤를 돌아 볼 겨를도 없이 밀고 나왔다. 마치 고삐 풀린 송아지처럼 말이다.

저녁에 집에 돌아오면 자리에 눕기가 바쁘게 곯아 떨어진다. 누가 업어 가면 그 등 위에서 환하게 트인 오매불망 자유와 희망의 새 천지를 밟고 있는 꿈을 꿀 정도였다. 이상재는 오직 백성들이 자기네 논 밭에서 거둔 곡식으로 배불리 먹고 마시는 그런 나날을 즐기면서 태평성대를 노래하게 만들고 싶을 뿐이었다. 그런 공평한 세상을 만드는 것이 오로지 월남의 바램이었다. 벼슬도 해 볼 만큼은 해 보았다. 이제 다른 욕심은 없었다.

이상재는 두 어깨에 보람의 무거운 짐이 내려 누르는 뿌듯함을 느꼈다. 결코 지쳐서 견디지 못 할 만큼의 지겨움은 아니었다. 무거울수록 그만큼 바람직한 묵직함이었다. 그는 자리를 박차고 일어나 뜰로 내려섰다. 차가운 밤바람이 뺨을 스쳤다. 오히려 상쾌했다. 하늘을 올려다 보았다. 시꺼먼 하늘에는 찬란하게 펼쳐진 별이 뿌려져 있었다. 그건 보석의 전시장이었다. 그날 밤에는 유난히 별이 많았다. 그건 그의 가슴 속에 곱게 곱게 쌓아 올린 이상의 구슬이 백성들을 위한 잔치상이 검디 검은 하늘에 차려져 놓았던 것일런지 모른다.

월남은 한 발자국으로 단숨에 그 하늘로 뛰어 올랐다. 하늘나라에는 벌써 빈자리가 없었다. 문뜩 보니까 한복판의 상좌가 비어 있었다. 마치 앉을 주인을 기다리고나 있었듯이 월남 이상재는 그 빈자리에 서슴치 않고 털썩 주저앉았다. 요란한 박수소리가 하늘을 울렸다. 대만족이었다.

문득 어릴 때가 생각났다. 월남 이상재의 집은 찢어지게 가난했다. 이른바 청백리의 곧은 선비의 집안이라 그럴 수밖에 없었다. 그리하여 할아버지의 묏자리가 명당이라고 해서 동네 벼락부자가 된 어떤 욕심꾸러기가 군청의 낮은 벼슬아치에게 뇌물을 써서 그 후손들이 훌륭하게 된다는 명당자리를 헐값으로 협잡해 버렸다. 어린 계호季皓-이상재의 어릴 때 이름-는 그런 부정을 참을 수가 없었다. 그럴 정도로 어릴 때부터 심성이 곧았다.

둥실둥실 구름을 타고 푸른 하늘을 흘러 가면서 타박타박 옥천으로 가는 고갯길을 오르는 자기의 어린 모습을 보면서 하늘 위의 월남 이상재는 흐뭇하게 미소를 짓고 있었다. 옥천 고향에가 있는 한산군수를 찾아가고 있었다. 명당이 탐나서가 아니었다. 그릇된 판결을 바로 잡기 위해서였다. 그건 자기 하나만의 욕심에서가 아니었다. 우선 가까운 일부터 고쳐나가야 한다고 믿었기 때문이었다. 한참 공상의 날개 속에서 흐뭇이 노니다가 다시 자신으로 돌아왔다. 재동 자시네 집 뜰에 비스듬히 서있는 늙은 소나무 밑둥에 걸터앉은 자신임을 되찾았다.

곧은 기개

부정을 더는 못 참겠다. 이상재는 뒤에 아호를 월남月南이라 하여 한국 근대사의 빛나는 큰어른으로 나라 안팎에서 존경받는 지도자가 되었다. 그는 충청남도 한산군 북부면 종지리忠淸南道 韓山郡 北部面 鍾芝里-현재의 한산군 한산면 종지리-에서 한 가난한 농가의 맏아들로 태어났다.

뼈대 있는 집안인 고려조의 충신으로 야은 길재冶隱 吉再, 포은 정몽주圃隱 鄭夢周와 더불어 삼은의 한 분인

백설이 자자진 골에 구름이 머흐레라
반가운 매화는 어느 곳에 피었는고
석양에 홀로 서서 갈곳을 몰라 하노라

라는 시조를 남긴 목은 이색牧隱 李穡의 16대손이다. 이 시조는 이색이 여기저기로 유배를 다닐 때 지은 삶의 무상함을 읊은 회포인 듯하다. 그 후예다운 곧은 품성이 월남의 사람됨의 바탕인 듯하다. 그런 뼈대 있는 집안의 후손인 만큼 그 핏속에는 세상의 속된 욕심을 물리칠 맑고 꿋꿋한 향기를 뿜어내고 있을 것이다. 월남은 그런 곧은 기개의 피를 몸 속에 타고 났다.

지금 명당자리를 하찮은 아전衙前 벼슬아치들의 농간으로 빼앗긴 억울함에 가슴이 터질듯한 분노를 참을 수 없어 한산에서 옥천까지 여러 날 길을 열 살도 못된 어린 걸음인데도 강을 건너고 고개를 넘어서 달려갔던 것이다. 너무 힘들어서 집어 치우고 싶은 생각이 여러 차례 들었고 더욱이 험한 고갯 마루를 오를 때 다리가 부러질 듯, 살덩이가 찢겨져 나갈 듯 아프고 고통

스러웠지만 어린 계호는 이를 악물고 이까짓 고통을 이기지 못하면 장차 더 큰 어려움이 닥칠 때 어떻게 하지? 마음에 아로새기며 참고 한 걸음 한 걸음 옮겨 놓았다. 기어코 옥천에 당도했다.

갖은 외로움 갖은 괴로움을 이기고 난 다음의 승리감, 성취감! 그건 여름 날 따가운 햇볕 아래서 땀을 뻘뻘 흘리고 난 다음 시원한 냉수를 한 대접 마시는 듯 속이 콱 뚫리는 청량감이었다. 고진감래! 아직 어린 계호는 그런 맛을 모르지만 괴로움이 지나면 편안함이 온다고 어린 이상재는 벌써 그 나이에 옳은 일을 이룩하고 나서 그런 흡족하고 기분이 상쾌한 느낌을 맛보았다.

벼슬할 때 온갖 부정을 물리치고 나서의 마음 뿌듯함 그것이 바로 그런 것이었던 것이다.

"아니 어쩐 일이냐? 너는 이진사댁 계호 아니냐?"

"소생 억울한 송사를 바로 잡기 위해 결례를 무릅 쓰고 여기까지 찾아왔습니다."

"산소 자리 말이냐?"

"예에!"

"그 일이라면 벌써 끝나지 않았느냐!"

어린 계호는 뜰에 무릎을 꿇고 간곡히 사정했다.

"소인은 아직 배움이 얕고 경험이 부족하오나 무릇 나라에는 국법이 있어 달리 힘 없고 가난한 백성들은 오직 나라 법을 믿고 의지하는 수밖에 없다고 생각하고 있습니다."

"음……!"

어린 계호의 목소리는 애절하기 짝이 없었고 분노에 가득 차서 떨려 나왔다. 아직 어린 나이에 게다가 갓 아내를 맞고서 그 어린 각시를 팽개쳐 놓고 며칠이 걸릴지도 모를 길을 달려온 어린 아이가 아주 어른스런 이치를 펼치자 한산군수는 기특하기 짝이 없게 생각했다. 게다가 어리디 어린 아이가 아버지를 대신해서 옥살이를 하겠다고 자처한 그 기특한 효성을 보아서 옥에 가둔지 사흘 만에 아버지를 놓아주기도 했던 것이다. 또 멀리 옥천까지 찾아 왔으니 아무리 완고한 벼슬아치라도 가슴이 녹지 않을 수가 없었다. 하물며 인정이 많고 양심이 있는 한산군수에 있어서랴! 하지만 잘잘못이야 어떻든 간에 일단 판결을 내린 사건이니 만큼 어린 이상재의 애절한 호소가 있지만,

"네 뜻은 잘 알겠지만 이미 판결이 난 송사의 판결을 다시 뒤집는다는 것은 불가능한 일이니 그리 알고 돌아가거라!"

"하지만 잘못된 것은 며칠이 가도 또 몇 해가 걸려도 바로 잡아야 하지 않겠습니까?"

당연한 이치였다. 군수도 말문이 막혔다. 송사란 이러했다.

할아버지의 시신을 선산에 모셨는데 도참설圖讖說에 의하면 묏자리가 지관地官의 풍수지리설風水地理說에 명당자리라고 해서 그 동네의 어떤 벼락부자가 탐이 나서 군아-군청-의 아전-낮은 벼슬아치-들에게 뇌물을 주어 빼앗았던 것이다. 타고 난

정의감의 덩어리인 계호-아명-인 이상재가 가만 있을 리 없었다. 당장 자기 주위에서 일어난 일부터 잘못된 그 판결을 바로 잡아야겠다고 굳게 결심했다. 그것이 자기 장래에 큰 방향을 결정해 줄 것이라고 의식은 못했을지 모르지만 뜻 속에 고여지기 시작했다.

월남 이상재가 태어난 충청도는 사람 마음씨가 곱고 맑아서 청풍명월淸風明月인데 월남은 그런 기질을 타고 난데다 핏줄 또한 청백리의 후예이며 보고 듣고 느끼는 일들이 전라북도 삼례全羅北道 參禮의 탐관오리의 전형인 조병갑趙秉甲 군수의 가렴주구苛斂誅求의 학정에 시달리다 못해 일어나지 않을 수 없었던 착한 백성들이 들고 일어난 동학농민혁명을 직접 보고서 더더욱 썩어 문들어진 벼슬아치들의 행태를 목격하고서는 정말 곧은 길을 걷지 않을 수 없게 되었다.

그리하여 본디 곧고 올바른 마음씨를 지니고 있기도 해서 나무랄 데 없는 나라 사랑과 백성 사랑의 평생을 살게 된다.

척화비斥和碑와 〈독립협회〉

경복궁타령景福宮打令

에헤헤헤야 남문을 열고

파루罷漏를 치니 계명산천이 밝아온다

에헤헤헤야 떠난다고 통곡 말고

나 다녀올 동안 네가 수절하여라

그러는 사이에 국내에서는 월남 이상재로 하여금 더욱이 자유와 개혁의 사상으로 떠미는 사건이 벌어지고 있었다. 이른바 척화비라고, 고종의 친아버지인 흥선대원군興宣大院君의 극단적인 쇄국정책으로 나라 안이 암흑상태가 이어지고 있었다. 유럽을 비롯해서 신대륙인 미국 등이 개명세계의 자유를 구가하고 있을 때 유독 동방의 은자의 나라인 우리 <대한제국>만은 캄캄한 밤 속을 헤매고 있었으며 새 세상, 새 사회를 만들려고 염원하고 있는 밝은 세상으로 백성들을 이끌어가려는 월남 이상재의 속은 탈대로 타서 시꺼먼 숯덩어리가 다 되어가고 있었다.

경복궁이란 임진왜란 때 일본군이 불태워 버린 바였는데 황제가 거처하는 궁성의 권위를 세우기 위해 보다 훌륭하게 지어야 한다고 우겨서 당백전當百錢이라는 돈을 마구 찍어 내고 백성들을 강제로 징발해서 경복궁을 짓게 했다. 전제군주가 다스릴 때라 백성들은 말 한마디 못하고 무서운 노역에 시달려야 했다.

또한 정계의 실력자인 흥선대원군의 독재적 외교 정책으로 외국과의 문호는 굳게 닫아버렸고 외교나 무역은 일체 금지되었다. 더욱이 미국 군함 셔먼호Shermann가 평양의 대동강을 거슬러 올라가서 개항을 강요하자 조선의 군대는 그 미국 군함을 격침시키기까지 하였다. 그런가하면 이번에는 미국이 여러 척의 군함을 이끌고 강화도로 몰려와서 항의하며 포탄을 퍼부었다.

(이때 몇 척인지 확실치 않은데 이홍직 편의 지문각 판知文閣版의 본문에서는 3척이라 하였고, 뒤에서는 또 5척이라고 하였으므로 지은이는 그저 몇 척이라고 하였다.)

그리하여 흥선대원군은 참을 수 없어 척화비를 전국에 세우도록 하였던 것이다. 1871년으로 월남 이상재가 21살 때의 일이다.

<洋夷侵犯 非戰則和 主和賣国 戒吾萬年子孫 丙寅作 辛未立-서양오랑캐가 침범하는데 싸우지 않으면 화해할 수밖에 없고 화해를 주장하면 나라를 팔게 된다. 우리의 만대손들에게 경계하노라. 병이년에 짓고 신미년에 세운다.>

이런 글을 새긴 돌비석이 전국에 세워졌는데 그때의 실권자 흥선대원군의 쇄국정책이 얼마나 철저했고, 또 자손만대에 아예 항구적으로 각인시키려는 눈부시게 바뀌어가고 있는 새 시대와 밝아가는 세상을 외면하는 그의 꽉 막힌 옹졸함을 나타내고 있다고 할 것이다.

모든 외세를 배척하려는 월남 이상재의 사상과 상통하는 바 있으나 반면에 그런 암흑의 세상을 깨우치려는 월남 이상재는 그 얼마나 답답했을까! 근본적 통치철학에는 큰 거리가 있었다. 월남은 외국세력들이 각축하는 국내 정국 속에서 결코 외세에 매달리지 않고 자주 독립을 주장하고 있다. 그러면서 외국의 개화된 문명은 받아들이자는 입장인데 반해 홍선대원군은 무조건 외국 세력을 배척하고 있었다. 그 암흑의 독재자는 우물 안 개구리였다.

좌옹 윤치호도 역시 월남 이상재와 같은 맥락에서 보아야 할 것이다.

한국은 전 세계에 있어서 아마 몇 안 되는 하나의 핏줄로 된 단일 민족으로서 형성된 나라일 것이다. 그리고 어떤 목사의 말인데 영국의 런던박물관에 전시된 두개골의 표본으로 전 세계에서 가장 우수한 머리를 가지고 있는 민족은 유대인이고 두 번째가 한국 민족이다.

사실 금속 활자의 발명도 우리나라 사람이 세계에서 가장 먼저였고, 그보다 2000여 년 전에 쌓은 첨성대瞻星臺만 해도 그 옛날 한 해가 365일인 것을 어떻게 알아서 365개의 돌을 쌓았는지 알 수가 없다. 그렇다고 결코 우연은 아닐 것이다. 다만 어떤 철학자의 이론대로 그 기술을 체계화시켜 과학으로 학문화시키는 머리가 없었다는 것이 우리에게 자연과학의 발달을 가져오지 못한 연유라고 하겠다.

우리나라와 지리적으로 가까운데 있는 일본만해도 불과 2000여 년 전에는 이른바 그들의 만세일계의 천황이 우리 백제百濟 임금의 혈통이라는 것을 일본인 학자들을 비롯한 일본 국민들도 잘 알고 있다. 그런데 신라의 어떤 임금이 당唐나라 군대의 도움으로 같은 민족인 백제와 고구려를 쳐 이김으로써 고대 국가의 삼국통일을 해서 사대주의 사상이 자신도 모르게 우리 민족의 의식 속에 의식으로 배태되어 그 힘센 외국 세력에 빌붙어 오히려 동족을 괴롭히는 나쁜 버릇이 생겨났던 것이다. '사촌이 땅을 사면 배가 아프다'라는 도저히 있을 수 없는 또 있어서는 안 될 속담, '너 죽고 나 죽자'라는 있어서는 안 될 그런 속담을 애써 없애야 할 것이 아닌가! 그리고 우리나라의 어떤 세력보다 힘이 강한 외국 권력에 빌붙어 그 위세를 빌어 같은 민족을 얕보는 또 억누르는 따위 버릇은 경멸해야 하겠다. 그건 사대주의의 본령이니까!

그런데 아침이 고요한 나라 아시아의 동쪽인 한반도를 통째로 삼키려고 서로 헐뜯고 할퀴며 으르릉대는 늑대의 나라와 살쾡이들이 날뛰고 있기 때문에 흥선대원군은 아예 원천봉쇄정책으로 쇄국정책을 쓰고 있다는 것도 어느 정도 이해는 간다.

월남 이상재가 척화비 소식을 들은 것은 한성에 올라와서인데 외세에 빌붙어서 거들먹거린다는 꼴이 눈꼴시었던 것은 사실이지만 빈대잡기 위해 초가삼간 태운다고 너무 한다고 여겨졌다. 흥선대원군은 도가 지나쳤다. 수구적이고 보수적이어서 꽉 막혔던 것이다. 도저히 숨쉴 구멍이 없었다. 만일 그가 약간 트여서 개화적이고 자주적이었다면 이상재도 그를 전적으로 지지했을지 모른다.

그러다가 <갑신정변>에 뛰어 들었다가 미국으로 망명했던 서재필이 미국에서 새 시대, 새 사회의 개화된 사상을 익혀 가지고 조국의 낡은 폐습을 뜯어 고치려고 부푼 꿈을 안고 돌아와서 <독립협회>란 이상을 펴는 조직을 만들자 이상재도 무조건 그의 이념에 공명해서 무조건 <독립협회>에 뛰어들었던 것이다.

박정양朴定陽과 서재필徐載弼

월남 이상재가 <독립협회>를 아끼고 평생의 이상으로 힘을 다해 목숨 바쳐 사랑한 것은 오로지 그것만이 나라를 구하고 백성들을 살릴 수 있다고 생각했기 때문이다.

한산이라는 충청남도의 저 서쪽 끝자락에 조용히 자리한 아주 한미한 시골에서 가난한 농민의 아들로 태어나서 그래도 선비 집안이라고 멀리 천리 길인 한성까지 올라가서 과거에 장원급제하여 어사화를 달고 금의환향하여 집안을 일으키려고 청운의 꿈을 안고 한성으로 달려 갔는데 보기 좋게 낙방하고 실의에 차서 다시 무거운 발걸음을 끌고 그렇게 맹세했던 천안삼거리 축 늘어진 버들가지 밑을 터벅터벅 지나려니 자기가 한심하기 짝이 없었다.

그리고 과거까지도 돈을 주고 받으면서 장원도 차원도 만들어지는 사실을 목도함으로써 철저하게 썩어 가는 조정의 썩음을 알아차려 다시는 과거 따위는 보지 않겠다고 다짐한 것이 얻은 바라고 하면 이번 한성 길의 보람은 그런대로 있었다고 할 것이다.

다시 고향으로 돌아가려고 하는데 이장식李長植이라는 친척

조카뻘 되는 사람이 박정양朴定陽이라고 자기 고모부가 이조 왕실과 가까운 처지에 있어서 명문이니 그 댁에 식객-그 당시에는 시골에서 수부인 한성의 명문가에서 심부름-을 하면서 기회를 엿보는 것이 어떠냐는 것이었다.

그것이 월남 이상재의 삶에 결정적인 인생에의 갈피를 잡아주었던 것이다. 이상재가 박정양의 집에서 심부름꾼 겸 비서로 있으면서 환로宦路-벼슬길-로 나가게 된데다가 일생 동안을 박정양과 벼슬길을 같이 하였을 뿐 아니라 끝까지 후원자로 끈끈한 줄을 가지고 밀어 주었던 것이다.

심지어 박정양이 초대 주미공사-그 때에는 대사는 없었고 공사가 국왕을 대리하는 전권을 가지고 있었다-로 부임할 때 1등서기관으로 임명되어 수행하기도 해서 국위를 선양한 바도 있었다. 더욱이 박정양이 학부대신으로 있을 때에는 학무국장으로 있으면서 나라의 위신을 세우기도 하였다. 그러나 항상 백성들의 억울한 눌리움을 풀어 주려고 애타게 기회를 엿보고 있었다. 그 이상이 이루어질 좋은 때가 오고 있었다.

개명된 나라 미국에서 서재필이라는 선각자가 화륜선을 타고 개혁이라는 깃발을 휘날리며 진군 나팔도 드높이 의기양양하게 돌아오고 있었다. 서재필과의 인연도 묘하다. 서재필은 1886년 전라남도 보성寶城에서 태어났지만 일곱살이라는 어린 나이에 한성으로 올라와서 김성근金聲根 판서-판서는 지금의 장관이다-네 식객으로 들어가서 한학을 이수하였고, 1879년 13

세 때 전강殿講이라는 과시에 장원으로 합격한 재사였다. 1883년 일본 동경의 육군 유년학교에 들어가서 졸업하고 다음 해에 돌아와서 조련국 사장관이 되었다. 다음 해인 1843년 갑신년에 개화당의 김옥균金玉均, 홍영식洪英植, 박영효朴泳孝, 서광범徐光範 등이 일으킨 유혈 혁명에 가담하였다.

수구파들의 거물들을 도륙하는데 성공했지만 일본의 배신과 청나라의 간섭으로 3일 천하로 끝났다. 그러나 혁명이 성공하는 듯 보였을 때 서재필은 정령-대령-으로 승진하고 지금의 국방차관인 병조참판이 되었던 것이다. 혁명이 실패하자 김옥균 등은 일본으로 도망쳤고 서재필은 미국으로 망명하였다. 미국에서는 고등학교, 대학교 등을 전전하다가 워싱턴 대학의 의학과를 졸업하고 한국인으로서는 박사학위 제1호가 되었다. 명성황후가 시해되고 민씨 일파의 권력이 일선에서 밀려나자 미국 시민권자인 서재필은 용기 백배 조국의 근대적 개혁을 위해 귀국길에 올랐다.

윤치호도 역시 미국에서 민주주의의 사회를 배우고 돌아와서 <독립협회>의 창설에 적극 참여했으며 월남 이상재도 바라던 바라 그 새로운 사회를 만드는 작업에 힘을 쏟게 된다. 이상재는 <신사유람단>을 따라 일본에 갔을 때 홍영식과 인연을 맺게 되어 그로 인해 개화파와 연결이 되고 다음에 개화당에 들어 서재필과 알게 되었던 것이다. 그리고 월남 이상재가 <독립협회>를 자기목숨처럼 아끼게 된다.

이상재의 진정한 바람

〈독립협회〉가 가야했던 길

<독립협회>는 월남 이상재가 목숨을 바치기로 한 진정 마음에 드는 정치단체 조직으로 우선 모든 외국세력을 몰아내는 데 힘을 기울였다. 근대에 들어 오면서 유럽과 미국 등 구미歐美의 강국들은 세계의 약소국들을 식민지화하는 데 혈안이 되어 더욱이 은자의 나라로 알려진 조선반도는 알맞은 미끼가 되었다. 그런데다 조선 사람들은 강한 외세에는 잘 들러붙는 성격이라 이웃 청나라나 북쪽 아라사-러시아를 아라사라고 불렀다-에 들어붙는 것이 꼴불견인 지경이었다. 그래서 친청파, 친아파, 그리고 가까운 바다 건너의 일본 세력에 빌붙는 친일파 등 사대주의자들이 마치 그 상전들이 자기 자신인 양 날 뛰는 꼴이란 눈

뜨고는 못 볼 지경으로 목불견目不見이었다.

특히 박정양 공사를 따라 미국에 갔을 때 청나라 공사가 윗전인 체 하는 꼴이란 정말 참을 수가 없었다. 보기 좋게 배지기로 넘겨 메치기는 했지만 정말 모든 외세를 물리쳐야겠다고 마음속 깊이 다짐을 했던 것이다. 그래서 <독립협회>에는 먼저 청나라의 간섭을 벗어나서 완전 독립국으로 행세해야 한다고 생각했다. 그러기 위해서는 모화관慕華館이라는 무악재 못 미쳐의 청나라 사신을 맞던 건물의 이름부터 고쳐야 하겠다. 그리고 영은문迎恩門이라고 서대문과 무악재 중간에 있는 청나라 사신을 맞던 문도 고쳐야 하겠다. 그 두 구조물을 독립관과 독립문으로 이름을 바꾸어 우리나라가 완전히 독립된 나라임을 세계 만방에 알렸고, 이번에는 그동안 우리나라 조정의 고문 노릇을 하는 러시아의 횡포를 막기 위해 일체의 고문관을 내쫓는 일을 과감하게 진행시키는 일이었다. <독립협회>는 바로 그 일에 온갖 힘을 기울여서 그것도 수행했던 것이다.

다음으로는 백성들의 권리인 민권을 높이는 일로 그건 근대적인 민주주의 체제를 도입하는 일이었다. 지금까지 정치는 극소수의 양반계급에서 도맡아 왔다. 백성들은 종살이를 해왔다. 그 종으로부터 놓여나야 한다. 자유스럽게 살 수 있도록 그 쇠사슬을 끊어 버려야 한다. <독립협회>가 할 일은 바로 그것이었다. 이상재는 그 거룩한 일에 목숨을 바치기로 굳게 다짐했다. 그것은 영국과 같은 입헌군주국가의 완성이었다.

〈독립협회〉가 추진한 일

<독립협회>의 주장은 뚜렷했다. 우리나라 역사상 처음으로 자유민권사상에 대한 시민 민주주의 의식을 정립해서 민족주의 사상과 접목시켜 국민의 권리를 관철시키는 일. 엄연히 나라의 주인이어야 할 백성이 몇몇 타고 난 양반이라는 팔자 때문에 싫건 좋건 정계에 나가 국정을 맡는 일을 하게 되었고, 그저 그 정치에 시달리는 주어진 신세에 한 평생을 보내야 하는 귀족들 손에서 그 백성들이 바라던 일이며 보람 있지만 고달픈 일을 하는 권리를 찾아주자는 것이었다.

이건 뒷날 <만민공동회>에서 의결된 것이기는 하지만 본디 월남 이상재가 오랫동안 마음 속에서 절실히 바라던 사회개혁을 실현한 것이었다.

1. 외국인에게 빌붙지 않고 관과 민이 뜻을 같이 하여 전제 황권을 굳게 할 것.
2. 광산 철도 석탄 산림과 차관 차병 등 정부의 대외 조약은 각부 대신과 중추원의 장-그 구성안은 별도로 제안 됨-이 같이 도장을 찍지 않으면 시행하지 말 것.
3. 국가 재정은 물론이고 세금 징수도 탁지부度支部-재무부-가 총괄할 것. 다른 부나 사사로운 회사에서는 간섭을 못 하고 모든 수입 지출 등을 국민에게 공개할 것.
4. 모든 범법자는 공개적으로 공관하되 피의자가 피의 사실

을 자복한 뒤에 집행할 것.

5. 칙임관은 대황제께서 정부에 자문하여 정부위원의 과반수의 찬성을 얻어야만 임명할 것.

6. 제반 장정章程-법규-을 실시할 것.

이와 같이 정부는 엄격한 규칙을 제정하라고 촉구했던 것이다. 이것은 높은 벼슬아치들이 국가의 재산을 마음대로 주무르고 또 제멋대로 사람의 목숨을 좌지우지하지 말라는 근대적인 법치국가로 발전시키려는 생각에서 고종황제에게 간절한 상소를 했던 것이다. 물론 이것은 청나라의 지배에서 완전히 벗어난 뒤에 열린 <만민공동회>에서 채택된 건의사항들이었다. 또한 이상재가 책임자가 되어 <독립협회>가 독자적으로 민주적인 정치제도인 중추원은 그 <만민공동회>에서 의결 발표되었다. 의회정치의 틀을 만들었던 것이다

용龍이 여의주如意珠를 물었다

그러는 동안에 친러시아파의 거두였던 <독립협회>의 전 회장 이완용이 고종황제 경호대 문제로 약간의 금품을 받아 물의를 일으켜 그 자리에서 물러나고, 이상재의 본디의 동지인 윤치호가 회장으로 추대되고 월남 이상재가 부회장으로 선출됐을 뿐 아니라 모든 동지들이 간부로 또 심의위원으로 선출되 실질적으로 <독립협회>의 실권을 장악하게 되자 이번에는 처음부

터의 염원이었던 영국식 입헌군주제의 정권수립을 실시할 욕망이 생겼던 것이다.

월남 이상재는 눈에가시 같던 이완용도 물러가지 않을 수 없어서 이제 거칠 것이 없어졌다. 용이 여의주를 물은 격이 되었던 것이다. 물론 좌옹 윤치호는 미국에서 새로운 경륜을 가지고 돌아온 지도자로 회장으로 받드는 데 조금도 손색이 없었다. 이제는 처음부터 뜻했던, 백성들이 나라를 다스리는 새로운 시대의 정치인 의회제도를 만드는 것이 급선무가 되었다. 회장 윤치호의 교열을 받았고 이건호와 정교의 도움도 거쳤다. 목표는 영국식 <입헌군주국가>를 만들려는 것이었다.

우선 중추원中樞院을 설치하여 지금의 상황으로서는 고종황제의 권한을 어느 정도 인정해야 하므로 국회의원격인 50명의 중추원 의원의 반수인 25명을 황제가 임명토록하고 반수인 25명만을 인민협회-실질적으로 <독립협회>-원으로 충당토록 하기로 했던 것이다. 그래도 그것만으로도 어떠한 진전인가! 대단한 성과가 아닌가!

그리고 황제가 임명하기로 한 그 반수인 25명도 실제에 있어서는 정부의 실권자인 박정양 총리가 추천하는 것이니까 50명 모두가 <독립협회>의 정책을 지지하는 몫이 된다. 그것으로 영국식 입헌군주제는 완성되는 것이 아닌가! 이제 월남 이상재의 가슴은 부풀대로 부풀었다. 그 얼마나 기다렸던 꿈이었나!

백성들로 하여금 타고난 양반들의 압제에서 벗어나 팔자타령을 하지 않고 사람으로서 정당한 주장을 누리면서 살아가는 평등한 사회, 그것이 좌옹 윤치호와 월남 이상재 등이 바랐던 사회가 아닌가! 이제 영원히 흔들리지 않고 법적으로 다져 놓으려는 것이었다. 그것이 의회정치인 것이다. 영국식 입헌군주제도의 확립인 것이다. 윤치호 회장이 승인하고 박정양 각하도 허락했다. 금방 이건호, 정교 등에게 그 구체적인 초안을 짜도록 시키면 그만이었다.

1. 법률과 칙령을 제정 또는 폐지에 관한 사항

…(중략)…

5. 중추원에서 건의하는 사항

6. 인민이 헌의獻議하는 사항

등을 의결하는 동시에 <중추원>의 구체적인 구성과 그 상세한 기능 권한과 의무 및 진행까지도 일일이 규정해 놓았던 것이다. 물론 이 모든 안은 윤치호 회장과 이상재 부회장의 결재를 받아 발표하면 그만이었다. 그런데 호사다마! 그 얼마나 적절한 속담인가! 바로 그 속담이 불쑥 튀어나와서 이상재의 뒷통수를 내려갈겼다. 조병식 등의 익명서匿名書 사건이 불거져 나왔던 것이다. 이런 벽보가 나붙었다. 곧 그 당시로서는 이른바 익명서라 불려지는 문서였다.

고시

대저 임금의 길은 천리를 떠나 천명을 받드는 것이 고금의 도리다. 왕실이 퇴폐하고 국가의 일이 곤두박질 하고 있으나 임금을 보필할 신하도 없고 관리들도 제 배만 불리고 백성을 염려하며 돌보려하지 않고 은전銀錢 구하는데만 눈이 벌겋게 되어 바른 정치는 생각지도 않아 나라가 이 지경에 이르렀다. 그리하여 민중의 마음이 하나되고 하늘과 백성도 상응하여 만민이 공동으로 대관大官에서 회의를 하여 대통령에게 권한을 주어 관아를 바로잡아 신인神人이 서로 맹세하게 되면 피 흘림없이 인군仁君을 추대할 수 있을 것이다. 그렇게 되면 악이 날 뛸 수 없고 소리는 고르게 되고 숨겨져 있던 인물이 조정에 나가게 되면 민심이 천심이니 백성의 다스림에 큰 복이 있을 것이다. 온 백성이 함께 지각을 갖고 개명 축수함을 축수하노라. 회중會中

실은 고종이 본디 이상재가 정부에 대해 다음과 같은 규탄문을 써서 <독립협회>에 대해 밉게 보아왔다. 검거할 단서를 잡고자 했으나 이 익명서가 그 결정적인 단서가 되었던 것이다. 이상재가 썼다는 그 규탄문은 이러했다.

"…(상략)… 당초에 백성을 위하고 나라를 위하여 염려는 조금도 하지않고 서로 헐뜯고 모함하고 비방하고 시기만을 일삼고 다만 자기 한 몸의 영리에만 급급하여 삼천리 강토가 누구 손으로 들어가고 이천만이 서로 붙들고 통곡을 하여도 …(하략)…"

고종은 본디 월남을 곧고 옳은 신하로 아꼈으나 그렇게 정면으로 조정을 깔 줄은 몰랐던 것이다. 헌데 너무했다. 정말 그럴 정도일 줄은 몰랐던 것이다. 그래서 한 번 혼내주려고 했던 차에 이번에 이런 <익명서>가 나붙었고 그것이 <독립협회>의 장난처럼 보였으니 옳다구나 했다. 고종은 곧 승정원에 명해 앞서와 같이 <독립협회>의 간부들을 체포 구금시켰다. 그리고 그 <중추원>건도 무산되었던 것이다. 그 전에 이런 일이 있었다.

항명抗命

목숨을 걸고

백성을 위해 전제군주에게 목숨을 걸고 항명하여 정의를 쟁취하려는 곧은 기개가 바로 월남 이상재의 뜻이었다. 1895년 2월. 일본의 건달패-낭인, 이른바 일본의 양반계급으로 직업이 없는 무사들-가 잔인하게도 <대한제국>의 궁성 안으로 쳐들어와서 때의 정계의 실력자인 고종의 중전 명성황후를 참살하고 그것도 모자라서 시신을 불태워 버렸다. 이른바 을미사변乙未事變이다. 이에 신변의 위험을 느낀 고종은 일본세력에게 유일한 대항세력인 러시아-아라사라고 했다-의 공사관으로 피해 갔다. 이른바 아관파천이다. 그 외국공관에서 근 1년 간이나 나라를 다스렸던 것이다. 이때 일이다.

월남 이상재는 의정부 총무국장이라는 <대한제국>의 나라 일을 좌우하는 서류를 도맡는 자리에 있었다. 그래서 더욱이 그 좋은 권한을 십분 이용해서 처음부터 뜻했던 백성들을 위한 보다 보람이 있는 일을 조금이라도 해야겠다고 다짐했던 것이었다. 우선 매관매직으로 잔돈 푼을 벌고 있는 하찮은 낮은 벼슬아치들의 못된 버릇부터 고쳐 나가야겠다고 손을 대기 시작했다.

러시아어를 조금 안다고 통역관 노릇을 하는 김홍륙金洪陸이라는 자와 궁중내시 강석호姜錫浩라는 자가 그 비밀스런 자리를 교묘히 이용해서 서로 짜고 같잖은 잔돈 푼을 긁어 모으는 변변찮은 조무래기의 장난부터 아예 없애 버려야겠다고 마음 먹었었다. 고종은 아라사 공사관에서 정사를 돌보고 있었기 때문에 이상재 총무국장은 부득이 그곳으로 결재서류를 가지고 가는 수밖에 없었다. 문간에서 강석호가 나오는 것을 목격했다. 또 무슨 하찮은 벼슬장사를 하려는 듯 죄스런 모습으로 비실비실 그를 피하며 빗겨가고 있었다. 현관문을 들어서자 거실이 있었다. 난로가 활활 타고 있었는데 그렇더라도 공기가 썰렁했다.

“쯧쯧 강국이라는 아라사 공관이 이렇게 썰렁해서야! 쯧쯧…….”

마침 옆 테이블 위에 노란 봉투가 있었는데 직감적으로 그 속에는 썩은 냄새가 나는 서류가 있으리라고 생각하여 뜯어보지도 않고 그대로 난로 아궁이에 집어 던져 넣었다. 썩은 냄새가 연통 사이로 뿜어져 나왔다. 이상재는 코를 막았다. 마치 냄새라도 배어 오는 것처럼. 그러면서 다시 제정신으로 돌아오자 가슴이 콱 막혔다. 숨이 막혀온다. 곧 호통칠 절대군주의 불호령과 섬뜻 목덜미에 떨어질 망나니의 시퍼런 칼날이 눈 앞으로 다가왔다.

다름이 아니라 벌써부터, 그렇지 벌써 석달 남짓 됐지 아마!

그 전운사라는 악의 근원인 관원들 벼슬아치들을 돈을 탐나게 해서 썩게 만드는 원천이 되는 이른바 전운사를 다시 설치하라고 어명이 엄하게 내렸었다. 또 중신들은 빨리 공포하라고 졸라댔다. 전운사란 백성들이 나라에 바칠 세금을 돈으로 내다가 백성들이 직접 지은 낟알로 대신케 했다. 삼남지방인 충청, 호남, 영남에서 실어 나르는데 그 중에 탐욕스런 대개가 그러했지만 군수나 관찰사같은 백성들의 살림을 돌봐야 할 목민관牧民官인 지방관장들이 자기 배를 채우기 위해 도중에서 얼마간씩을 빼돌리기 일쑤였다. 그리고 탄로가 날까 두려워서 불쌍한 백성들에게 더 빼앗는 짓을 거듭했다. 백성들만 억울했던 것이다.

평안감사는 지방관장의 노른 자위라 더 바랄게 없지만 남쪽은 그런 방법으로 수탈할 수밖에 없었던 것이다. 여러 해 동안 전운사를 없애 버리자 별로 수탈할 수 없어서 또 전운사를 다시 만들자고 슬슬 낚시줄을 던져 보았다. 심약한 전제군주 고종은 능구렁이들인 몇몇 교활한 중신들의 달콤한 입발림에 넘어가서 전운사의 재건을 윤허允許-군주의 허락을 가리킴-했던 것이며 그 공포의 책임이 월남 이상재의 손에 넘어간지 이미 석달이 가까왔다.

고종은 탁지부 대신-재무부장관-에게 공포를 몇 차례 재촉하고 그 결과를 물었으며 탁지부에서는 총무국장 이상재에게 공포를 여러 차례 성가시게 독촉했는데도 아직 공포를 하지 않는다고 상주-임금에게 아뢰는 일-하던 것이다. 이상재는 탁지부 대신에게 여러 번 재촉을 받았지만 전운사를 재건하는 날이면 백성들의 고통이 격심해질 것이 뻔하니 어떻게 해서든지 공포는 절대로 막아야겠다고 그는 단단히 마음 먹고 있었다. 설혹 목숨이 달아나는 한이 있더라도 목숨을 걸고라도 항쟁할 것을 결심했던 것이다. 그렇게 마음 먹으니 무서울 것이 없었다.

월남 이상재를 키워주고 믿어주는 또 그가 식객으로 있던 박정양이 대신으로 있을 때 그 밑에서 학무국장으로 일한 적이 있었는데, 그때 서슬이 퍼랬던 일본 공사가 인사청탁을 한 적이 있었다. 그때 박정양 대신이 딱 잘라 거절하지를 못했다. 그걸 본 월남이 아무리 존경하고 따르는 어른이지만 그런 미지근한 성격이 못 마땅하게 여겨져서 자기가 대신 나서 딱부러지게 끊어버린 적이 있었다.

사실 자기는 과거도 떨어졌지만 박정양의 도움으로 벼슬길에 올랐고 평민으로서는 높은 자리까지 다 해보았다. 이제 무서울 것이 없었다. 거칠 것이 없던 것이다. 그리고 월남 이상재는 그 곧고 청렴한 성품으로 해서 동료나 윗사람들에게 적잖게 신임이 두터워서 아낌을 받고 있었기도 했다. 그러나 역시 전제군주제 밑에 있어서는 그런 안이한 동정심보다는 절대자의 신임이 더욱 중요했다. 대황제폐하의 눈치 하나에 자기 목숨까지도 오락가락하니까 언제 벼락이 떨어질지 몰랐다. 느닷없이 아닌 밤중에 홍두깨일지도 모른다. 조심조심 항상 살얼음 위를 걷는 심정이었어야 했다.

잘된 일인지 잘못 됐는지는 모르지만 월남이 그 부정한 인사 청탁 봉투를 난로 뱃속에 넣어 불태워 버리자 몇몇 중신들이 임금을 알현하려고 들어왔다. 이상재는 한 구석에 조용히 앉아 있어서 그들의 눈에는 띄지 않았다. 손에 두루마리들을 들고 있었다. 중신들이었다. 그들은 무슨 말인지 모르지만 자기네끼리 주고 받고 있었다.

전운사轉運司

새로 들어온 중신들은 이상재를 발견하지 못했다.

"그 사람 참 아까운 사람인데 어쩔라구 그러지?"

"월남 말이지? 그래 폐하의 어명을 어기면 어떻게 되는지 그도 잘 알고 있을 텐데……. 귀신이 씌인게 아니야!"

그들은 월남이 구석에서 자기네가 주고 받는 말을 듣는 줄도 모르고 있었다.

"궁중에서 벼슬 한지두 벌써 여러 해니까 처신을 어떻게 해야하는지 알만 한데……."

"웬만하면 비위에 거슬려도 모르는 척 넘기는 재주도 가질만 한데……. 원!"

"헌데 민참찬은 상의 신임이 두터우니 이국장 구명운동을 좀 하시구려!"

"글쎄 그러고 싶지만 사안이 사안이라 말씀을 들으실는지! 하지만 말씀을 올려보긴 해보지요."

이 때 구석에서 엿듣고 있던 당사자인 월남 이상재가 불쑥 튀어 나오며,

"본관을 염려해 주시는 마음씨들은 고맙습니다만 그럴 필요는 없습니다. 본관의 문제는 본관이 알아서 처리할 터이니까요!"

이 때 마침 승지가 나와서 민병식 참찬-의정부에 소속된 종2품의 벼슬-의 입시를 전한다. 어떤 대신이 월남 이상재의 얼굴을 힐끗 쳐다보고서,

"대감! 이국장 자존심으루 저러시지만 그분에 관해 말씀 잘 드리시구려!"

"그러지요! 잘못 되기라도 하면 아까운 인재 하나 잃게 되니까요!"

민병식 참찬이 어전에 들어간지 시간이 많이 흘렀다. 그동안 중신들이 기다리고 있는 방에는 무거운 침묵이 흐르고 있었다. 의정부 총무국장 이상재의 운명이 경각간에 달려 있으니 그럴 수밖에. 이윽고 민병식 참찬이 뛰쳐 나오며 월남 이상재의 손을

덥석 잡는다.

"이국장 살았소. 정말 잘됐소!"

"……."

"……."

"전운사를 항구적으로 폐지하기로 하였소! 이 국장의 진언을 받아드리는 거요!"

"예예예? 그게 사실입니까?"

"아마 곧 폐하께서 말씀이 계시리라 믿소만……."

목이 달아나려던 월남 이상재는 전화위복으로 백성을 위한 충심이 심약했던 고종 임금의 속마음에는 역시 백성들을 사랑하는 진심이 깃들어 있었다는 것을 깨닫고 가슴 속으로 한없이 흐느꼈다. 아마 눈물의 강이 백성들의 마음 속으로 흘러 들어갔을 것이다. 그런 착한 임금을 속이고 자기네 욕심으로 나라 정사를 멋대로 쥐고 뒤흔드는 난신적자가 한없이 미웠다.

월남이 실은 얼마 전에 이런 말을 들은 적이 있었다. 고종 황제가 탁지부 대신에게,

"탁지부 대신! 일전에 윤허한 전운사 재건 반포 문제는 어찌 되었소?"

"예. 소신이 이상재 총무국장에게 하달한 지 이미 석달 가까이 됐는데 총무국장이 어쩐 일인지 우물쭈물 반포를 늦추고 있사옵니다."

"뭐요? 그런 방자한 자가 어디 있어! 어느 하늘 아래 그런 불

충한 자가 있단 말이야! 총무국장이 이상재라구 했지?"

"예예!"

"월남이 곧은 사람이라구는 듣구 있지만 짐의 명령을 거역하다니!"

"……."

"당장 불러오시오!"

"황공하옵니다."

이상재를 호출한 탁지부 대신의 얼굴이 붉으락푸르락하는 것을 보고 이상재는 '에크 이번에는 틀림없이 죽었구나' 하고 고종을 알현하러 왔던 것이므로 오늘이야말로 자기 제삿날이라고 단단히 각오를 하고 왔었다. 그런데 이게 어찌된 일이랴! 오히려 칭찬까지 받았으니! 한 없이 깊은 수렁으로 빠져 들어가다가 갑자기 오색 찬란한 무지개를 타고 구름을 타고 하늘로 두둥실 떠올라 그야말로 한없이 푸른 하늘 저 높은 데로 날아오르는 것 같았다. 지옥이 변해서 천국이 왔다.

조폭 〈황국협회〉

쳐 부수지 뭐.

예나 지금이나 갑작스런 변혁은 꺾이기가 쉽다. 정치에 있어서는 더욱 그렇다. <독립협회>와 월남 이상재가 이상의 현실화를 너무 서둘러서 반대하는 수구세력을 너무 얕잡아 본 것이 그런 경우이다. 친러시아 수구파들에게 있어서는 그것이 자기들의 가슴을 쪼개는 날카로운 비수와도 같았다. 특히 이완용은 제명 당한 분함도 있고 또 아무래도 <독립협회>라는 괴물(?)이 자기네들 외세의 힘을 빌어 영달을 꾀하려는 욕심이 방해될 것 같아 슬그머니 위협을 느끼지 않을 수 없었다.

친아파의 두목인 이완용은 부랴부랴 같은 생각을 가진 고관들을 모았다.

"대감님네들! 종로네거리에 모였다는 <만민공동회> 소식 들으셨지요?"

"그렇지 않아도 그 일로 의논해야겠다구 생각하던 찬데……."

능구렁이로 이럴 때 항상 흉계를 잘 내놓는 조병식趙秉式이 먼저 나섰다.

"좋은 수가 있소!"

모두 자기에게 시선이 몰리자,

"장돌뱅이 아시지?"

"보부상 말이요?"

"그렇소!"

"헌데?"

"……."

"……."

"그들은 단결력이 두드러지지. 그렇잖으면 굶기가 일쑤니까!"

찬정-갑오경장 뒤에 설치된 관직으로 칙임관-조병식이 무슨 꾀를 내놓겠는지 하고 자못 기대하는 눈치들이다.

"우선 과천군수 길영수吉永洙 영감에게 부탁하면 좋은 수가 나올거요!"

"그 사람이 해 낼까?"

"아마 이 조선 천지에서 그 사람만큼 그런 일을 당해낼 위인은 없을 걸!"

눈을 지긋이 감고 오가는 말을 듣고만 있던 이완용이,

"그럼 하루 속히 과천군수를 불러 들이시오! 과제를 줘야지 <독립협회>를 때려 부수라고!"

"예에 그렇게 하지요!"

그 이튿날로 법부협판 이기동李起東이 주동이 되어 길영수와 또 중국으로 가서 김옥균을 암살하고 돌아온 홍종우洪鍾祐, 그리고 군무대신서리 유기환兪箕煥 등을 끌어넣어 <독립협회>를 없애 버릴 조직폭력단으로 <황국협회>를 만들었다. 회장은 그 중 벼슬이 가장 높은 이기동으로 했다. 그날 밤에 그들은 회장 이기동 집에 비밀히 모여서 계획을 짰다. 인화문仁化門 앞에 있는 <독립협회> 본부를 습격하기로 만장일치로 가결하였다. 그 이튿날 즉각 실행에 옮겼다. 몽둥이를 들고 떼지어 갔는데 어떻게 해서 정보가 샜는지 엄청난 수의 군중이 몰려와서 <독립협회>의 간부들을 두들겨 주기도 전에 <황국협회>의 졸도인 장돌뱅이의 패가 그만 밀려나고 말았다. 그날 밤에 이기동 회장네 집에 다시 모였다. 이기동 회장은 화가 잔뜩 났다.

"어떤 놈이 정보를 흘렸지? 혼좀 나봐야 알겠어!"

"……."

아무도 대답하는 사람은 없었다. 섣불리 나섰다가는 쥐도 새도 모르게 골로 갈 판이니 말이다. 그만큼 서슬이 퍼랬다. 납덩이 같은 무거운 침묵이 흐르고 있었다. 모든 일에 간교한 꾀를 잘내기로 이름난 조병식이 그 무거운 공기를 깨뜨렸다. 그리고 입에 묘한 웃음을 흘리며 말을 꺼냈다.

"누가 뭐 좋은 수가 없겠느냐구 했는데 이렇게 하면 어떻겠소?"

"어떻게요?"

그는 앉은 걸음으로 문가로 가서 바깥 동정을 살핀다. 아무 기척이 없는 것 같아 안도의 한숨을 내쉰다. 방안의 모든 음모자들은 숨을 죽이고 꾀돌이 조조의 일거수일투족을 지켜보고 있었다. 조병식이 숨을 조용히 내뿜자 길영수가 재촉했다.

"빨리 그 좋은 수가 뭔가를 내놓으시구려!"

"폭력으로 그 자를 까부수는 것은 어차피 글렀으니까 머리를 짜서 송두리째 뿌리를 뽑을 방법을 생각해 내야 할 것 같소."

사실 그랬다. 또 폭력은 그리 좋은 방법은 아니었다. <독립협회>를 이끌고 있는 지도층은 무서운 수레바퀴를 굴리며 나아가고만 있었다. 그리고 그 뒤에는 민중이라는 새로이 나타난 그 위대한 물결이 뒷등을 밀고 있지 않은가! 그런데 갑자기 조조의 머리에 절묘한 술책이 떠올랐다.

"그렇게 전제군주 고종의 권위를 이용하면 될게 아냐!"

"여러분 좋은 수가 생각났소!"

"어떤?"

"힘으로는 도저히 밀어 부칠 수가 없으니까 아예 <독립협회> 자체를 반역의 무리로 몰아 세우는 게 어떨까요?"

"어떻게요?"

"왕정을 뒤엎고 공화제로 만들어 박정양을 대통령으로 윤치호를 부통령으로 상재를 내부대신으로 정교를 법부대신으로 할 작정이라구 하고 익명서를 써붙이면 어떻겠소?"

방안은 갑자기 조용해졌다. 너무 엄청난 일이기 때문이다. 만일 그런 익명서가 한성거리에 나붙으면 그야말로 하늘이 놀래고 땅이 까무라칠 노릇이기 때문이다. 긴 침묵이 흘렀다. 방안은 납덩이가 짓누르는 듯 깊은 못속으로 갈아 앉는다.

"어때? 이왕 싸울 바에야 네가 죽느냐 내가 죽느냐가 아니오? 단판 싸움을 겨루어야 하지 않겠소?"

드디어 이완용이 결단을 내린다.

"좋소! 네가 죽지 않으면 내가 죽을 판이니 양단 간에 결판을 냅시다."

그날 밤에 모인 <황국협회>원들 전원이 갑자기 풀을 쑨다 글은 쓴다해 익명서-요즘의 대자보-를 수십장 써서 한성거리 골목 골목에 삽시간에 붙였다. 이튿날 새벽 일찍 물건을 팔려고 나가던 어떤 장사꾼이 무언가 검은 글씨가 잔뜩 써 있는 흰종이

가 벽에 붙어 있는 것을 보고 수상하게 여겨 떼어다가 마침 지나가는 훈장에게,

"선상님! 이게 뭔가요?"

장사꾼은 까막눈이라 그나마 글을 가르치는 훈장에게 보였던 것이다. 훈장은 종이에 쓴 글을 읽자마자 부들부들 떨며,

"이거 어디서 났지?"

"왜요? 뭐라고 써 있는데요?"

"큰일 날 소리야!"

"예에 뭐라고 써 있는데요?"

훈장은 소리를 낮추며,

"임금을 없애고 대통령을 뽑자는 거야!"

"예에? 전번에 <만민공동회> 때엔 그런 말은 없었는데요!"

훈장은 입가에 빙그레 미소를 지으면서 혼잣말 비슷히,

"허긴 그렇지! <독립협회>에서도 대의정치를 하자고는 하지만 곧바로 공화정치를 하자고는 못했겠지!"

한데 익명서에는 앞서와 같이 적혀 있었던 것이다. 물론 그것이 <독립협회>가 스스로 지어서 써 붙인 것으로 생각하는 백성은 거의 없었지만 모두 까막눈이라 입으로 전해지는 말만으로 알아야 하기 때문에 그것이 사실인 듯 먹혀 들어가기가 아주 쉬웠다. 그 전에 이런 일이 있었다. 그리고 그런 사건들이 결국 <독립협회>와 친러수구파 대신들과의 반목이 심해지고 익명서 사건까지 발전하게 되었던 것이다. 마침 고종이 일본 군부가 명

성황후를 참살한 사건으로 신변의 위험을 느껴 러시아 정부는 <대한제국>의 전제군주 고종이 자기네 공관으로 피신해 온 것을 기회로 오랫동안 욕망했던 부동항은 물론이고 이제 철도부설권과 광산 채굴권 등 굵직 굵직한 이권을 차지하는데 눈이 뻘갰다. 익명서 사건은 입에서 입으로 전해지면서 러시아 공관으로부터 간신히 환궁하여 별궁에서 그런대로 안정을 찾기 시작했던 구중궁궐 깊숙히 숨을 돌린 고종의 귀에도 들어갔다. 고종은 숨이 턱에 닿아 승지를 불렀다.

"민 승지! 승지는 지금 항간에 떠돌고 있는 소문을 들었소?"

"무슨……."

"<독립협회>에서 왕정을 폐하고 공화제로 고치려 한다는 곧 짐을 내쫓고 대통령을 새로 뽑아서 나라를 다스리겠다는 걸 한성 골목 골목에 익명서가 나붙어 있다는 소문말이오!"

"에이? 듣기는 했습니다만……."

고종황제는 화가 머리 끝까지 치밀어 올라서,

"그게 사실이라면 경무청에 당장 명해서 가져오게 하라."

"예. 분부 받잡겠습니다."

경무청에서 가져 온 익명서에는 달필로 써내려간 글로 고종황제가 치를 떨만큼의 경천동지의 있을 수도 없는 또 지금의 상황에선 있으면 안 될 무서운 반역을 도모하는 일대 사건이었다. 그건 전제군주제에 대한 정면 도전이었다. 고종으로서는 더 생각할 여지가 없었다. 부들부들 떨며,

"지금 당장 박정양, 민영환 내각을 파면하고 조병식을 수반하는 내각을 조직케 하라! 또 이근택으로 하여 특별 비밀 경무원을 만들어 이상재 이하 <독립협회>의 간부들을 당장 체포 구금시키라!"

경무원은 어떤 고문도 서슴지 않는 죄상을 날조하는 비밀 기관이었다. 이근택은 저 유명한 고문왕 이근안과 같은 악랄 무도한 자였으며 경무원은 박정희 군사 정권 때의 중앙정보부를 방불케 한다. 고종의 어명은 날카로운 비수였다. 서슬이 퍼랬다. 이 때 잡혀 들어간 개혁파의 지도자들인 <독립협회>의 간부들은 이상재를 비롯해서 유맹, 방한덕, 정항모, 현제창, 홍정후, 변하진, 조한우, 한치유, 김두현, 김구현, 유학주, 윤하영 등과 그 밖의 몇 사람을 합쳐 17명이었다. 물론 그들은 자기네가 왜 잡혀가는지 전혀 영문을 모르고 있었다. 허나 이상재 등 <독립협회>의 주동자들은 개혁작업이 그리 순탄케 이루어지리라고는 생각지 않고 있었기는 했다. 반드시 넘어야 할 험한 고개나 헤쳐 나가야 할 가시밭길이 앞을 가로 막고 있으리라 각오하고 있었다. 그러나 너무 일찍이 닥쳐온 험한 고갯길이다. 아직 예수는 믿지 않지만 너무 일찍 닥친 십자가의 고난이었다.

한편 수구파 정권의 담당자들인 이완용, 조병식 등은 자기네의 술책이 들어맞아 <독립협회>의 간부급들이 모조리 체포되어 심한 고문으로 마음 속까지 실토하지 않을 수 없어서 곧 처형될 것이 틀림없으나, 시일이 늦어져 자기네의 모함이 드러나면 낭패라고 생각해서 오히려 되잡힐까 여겨져 후환이 두려우니 신속히 처형해 버릴것을 서둘렀다. 바야흐로 이상재 등 <독립협회> 주동자들의 목숨은 풍전등화 거센 바람 앞의 깜박이는 촛불이었다.

프랑스의 국가國歌는 '라 마르세예즈La Marseillaise'다. 프랑스 남쪽에 있는 항구도시인 마르세이유Marseille로라는 것인데 거기에 있는 감옥에 당시의 국사범들을 가두어 두었으며 공화제를 실시하려고 혁명을 일으킨 군중들이 루이 14세를 키로친-단두대斷頭臺-으로 처형하고 그 대열이 그 길로 국사범들을 석방하기 위해 마르세이유로 행진해갔다. 그때 부른 노래가 곧 라 마르세예즈인데 그 노래를 프랑스에서는 아예 나라의 노래인 국가로 정했다. 조선시대 말에 있은 <만민공동회>의 한성 시민들이 떼지어 가는 철야한 시위 군중이야말로 프랑스 혁명 때의 그 대열과 어떻게 그렇게 꼭 같은지! 그렇지 않아도 <대한제국>에 고용되어 있던 러시아 고문관들은 프랑스의 그 당시의 상황과 꼭 같다고 그런 표현을 하고 있었다.

1898년 11월 5일 한성 백성들은 역사 이래 처음으로 이른바 백성들이 나라를 다스리기 위해 그 대변자들을 뽑는 이른바 국회의원격인 중추원 의원을 선출하는 현장을 구경하려고 아침 일찍부터 그 투표장인 독립관으로 밀려가고 있었다.

"우리 천한 백성들도 나라를 다스릴 수 있다면서?"

"오래 살구 볼 판이야! 고롬 고롬!"

"정말 좋은 세상이야! 모두 이상재 선생 등 <독립협회>분들이 마련해 준거지만!"

"저기 보지 그래! 사람들이 저렇게 떼지어 밀려 오고 있잖어? 흐흐흐……."

4천여 명의 <독립협회> 회원들은 일찍 일어나서 25명의 중추원 민선의관을 뽑기 위해 독립관으로 갈 준비를 하고 있었다. 그런데 날벼락 같은 소식이 전해왔다. 이상재를 비롯해서 17명의 <독립협회> 간부들이 긴급 구속되어 경무원에 수감됐다는 것이다. 그 소식을 듣자 이번에는 그 중의 한 사람이,

"여러분! 이제 우리는 우리를 위해 앞장 서서 싸우던 대표들을 구출하기 위해 경무원으로 몰려갑시다!"

"와아 와아!"

하늘이 터지는 것 같은 소리가 떨어졌다. 와아! 와아! 소리 지르며 경무원으로 경무원으로 그건 정말 프랑스 대혁명 때 마르세이유로 행진해 가던 파리 시민들에 틀림없었다. 흥분한 분노의 물결이었다. 갑자기 희망이 절망으로 변하려는 순간에 솟구쳐 나오는 외침이었다. 노한 물결이었다. 자칫하면 경무원이 박살 날 지경이었다. 4·19학생 혁명 때 경무대로 밀려 가던 학생들과 서울 시민들의 사람의 물결과도 같았다. 일촉즉발 살짝 건드리기만 해도 금세 펑하고 터질 것만 같았다. 이번에는 경무원 앞에서 <만민공동회>가 열렸다. 순식간에 수백 명이 더 불었다. 한결같이 원통한 가슴 찢는 울부짖음이다.

"이상재 이하 17명을 즉각 석방하라!"

"석방하라!"

선창자는 누구래도 좋았다. 그 수천명이 모두 하나 같은 마음이었으니까!

"이상재를 석방하라!"

"석방하라!"

"<독립협회>의 지도자들을 석방하라!"

"그렇지 않으면 우리도 잡아넣어라."

그 외침은 진정이었다 그만큼 이상재와 <독립협회> 간부들은 진정으로 민중의 신임과 존경을 받고 있었다. 그들이야말로 여태껏 억눌려 살아온 자기네 천한 대접을 받아오던 백성들을 해방시켜서 자유로운 인민으로 다시 제2인생을 살게 해주려는 구세주들이니까! 진정한 권리를 찾아 주려고 목숨 바쳐 싸우고 있는 전사들이니까! 앞잡이들이니까! 한성의 상인들은 목숨줄인 시전을 철시하고까지 <만민공동회>에 모여든 시민들의 애국 정열에 이때 한성에 와 있던 외국인들도 감탄하였고 친러수구파들과 고종황제의 처사에 분노를 금치 못했다.

찬 비가 내리기 시작했다. 살갗이 얼어붙는 듯했다. 모두 추워서 떨었으나 좀처럼 흩어지려는 기색이 없었다. 엿새를 꼬박 새우며 물러서지 않고 뿌리는 빗발을 아랑곳 하지 않고 시민들은 더욱 늘어나기만 했다. 외치는 구호도 더 격렬해졌다.

"이상재 등을 석방하라! <독립협회> 지도자들을 내놓아라!

그렇지 않으면 우리들두 차라리 잡아다 죽여라!"

이 시위 군중의 외침은 차가운 빗발을 뚫고 목멱산-지금의 남산-너머로 울려 퍼져 갔다. 한반도를 뒤흔들었다. 구중궁궐 안에서 사태의 추이를 지켜보고 있던 절대 지배자 고종도 마침내 더는 못 기다릴 것을 깨달았다. 10월 10일 하오 7시에 드디어 이상재와 동지들 17명을 놓아 주었다. 민중은 이겼다. 차가운 빗속에서 추위에 떨면서 배겨 낸 보람이 있었다. 마침내 민권을 찾았다. 줄기차게 내려 퍼붓는 살을 여이는 겨울비 속에서 백성의 시위대는 군인들과 정부 경무원과 순검들의 삼엄한 위협에도 굴하지 않고 끈질기게 싸워서 승리를 차지했던 것이다.

이승만 독재정권을 몰아내려고 학생들과 서울시민들의 항쟁의 그 선례를 보여주었던 것이다. 한성 백성들은 아니 새로운 시대를 열고자 열망하는 민중의 힘은 마침내 봉건의 두꺼운 벽을 헐었다. 방금 목이 달아날 지경이었던 지옥의 옥에서 풀려난 이상재 등은 구사일생의 기쁨을 동지 조한우로 하여금 한성 군중에게 깊이 감사하다고 사례시켰다. 이제 이상재는 완전히 민중의 아니 조선 최대의 지도자로 우뚝 솟았다.

비밀 암살대 아예 죽여 버리자

월남 이상재는 결코 오만한 사람이 아니다. 자신을 다스릴 줄 아는 슬기로운 태생이다. 항상 곧은 기개로 행동하는 인품이다. 사무실 한 귀퉁이에서 조용히 눈을 감고 앉아서 지내 온 나날을 되살펴 보았다. 별로 잘못된 길을 걸어 오지는 않았다고 자신했다. 과연 자기와 <독립협회>의 주장이 옳은 것이었나! 이 나라의 앞날을 위해 마땅히 가야 할 역사의 올바른 방향이었던가? 백성들이 잘 살수 있는 보다 자유와 평화를 누릴 수 있는 길인가?

어릴 때 묏자리를 위해 올바른 판정을 바라 며칠씩 한산군수를 만나 부정을 바로 잡았던 사건, 동학농민혁명의 민중의 격분을 본 일, 한성에 올라가서 과거시험의 부정부패를 체험한 사실 그리고 서재필이 미국으로부터 돌아와서 미국의 앞선 사회제도를 우리나라에 옮겨 놓으려고 <독립협회>를 만들어서 시커먼 구름을 뚫고 찬란한 햇볕을 쏟아 부으려는 그 작업에 동참하던 가슴 뿌듯하였던 것이 새삼 생각되어 자기도 모르게 입가에 미소가 철철 번졌다. 이상재가 조용한 사색에 잠겨 있을 그 시각에 <독립협회>가 있는 인화문 앞에서는 <만민공동회>가 계속 열리고 있었다.

그 익명서라는 것이 조병식 등 친러시아 수구파 중신들의 음모로 조작된 사실이 이미 들어났지만, 그래서 그 자들을 규탄하는 집회에서 구체적으로 처단 방법을 의결하기 시작했다.

1. 조병식 등 익명서를 조작하여 <독립협회>의 애국자들을 함정에 몰아 넣었던 간신배들을 체포해서 재판에 회부하고
2. <독립협회>를 복설한 다음에 <황국협회>를 해산할 것을

강력히 요구한다.

이에 친러시아 수구파 정권 담당자들은 절대권자인 고종황제에게 <만민공동회>는 <독립협회>가 뒤에서 조종하고 있다고 간교한 고자질을 하면서,

"저렇게 많은 무식한 군중이 떼지어 모여서 설치는 것이 마치 옛날 프랑스에서 대혁명을 일으킬 때와 꼭 같습니다. 그때 흥분한 군중은 루이 14세를 단두대로 처형했습니다. 빨리 대책을 강구하십시오. 그렇지 않으면 큰일납니다!"

실은 자기네들이 정권을 빼앗길까봐 안달이 났던 것이다. 아니 목숨이 달려 있었다. 그들은 복선을 치고 있었다. 한편 그러면서 <황국협회>를 시켜 인화문 앞으로 2,000여 명의 폭력배들을 보내 모인 군중들을 습격시켰다.

1898년 11월 5일부터 52일간이라는 길고 긴 시간에 걸쳐 오랫동안 밤을 새며 게다가 찬 비를 맞으면서 시위하느라고 지칠대로 지친 선량한 시민들은 갑작스런 몽둥이를 든 잘 훈련된 폭력배들인 장돌뱅이들의 습격을 받고 대경실색 혼비백산해서 우왕좌왕 그저 얻어 맞고만 있었다. 거의 두 달 동안 살을 에이는 듯한 혹한에 떨면서 버텨온 오랜 세월 한 없이 천대받던 백성들인 한성의 서민들은 맥없이 맞고만 있어야 했다. 수많은 부상자가 나왔다. 아니 빈사상태로 쓰러져 갔다. 의술이 형편 없던 당시에는 다른 곳으로 가기는 커녕 황천길로 직행했을 것이다.

<황국협회>의 폭도들이 몽둥이를 들고 <만민공동회>에 모여

서 <독립협회>의 간부들을 구출하고 그들을 음해하려고 거짓 익명서를 조작한 조병식 등 친러시아 수구파 5대신을 처단하라는 외침을 묵살하려는 정부의 처사를 규탄하는 민중을 마구 두들겨 팼다는 소식이 전해지자 한성 장안의 온 시민들은 격분해서 구름때처럼 인화문 앞으로 몰려들었다. 오면서 돌들을 몇 개씩 호주머니에 주워 넣고 왔다.

장돌뱅이들을 모조리 때려 잡자는 것이다. 한성의 가게들은 완전히 닫혀 있었다. 자기네들을 편안히 살게 해주기 위해 앞장서서 목숨 바쳐 싸우던 지도자들을 죽이려고 음모를 꾸미던 썩어 문드러진 나쁜 벼슬아치들을 이번에는 아예 쓸어버려야 한다는 다짐들이었다. 구름 같이 밀려오는 한성의 백성들을 보자 지금까지 의기양양했던 장돌뱅이들은 그만 질겁을 했으며 군중들은 장돌뱅이들을 삼게강麻浦江가까지 쫓아버렸던 것이다.

드디어 하오 2시쯤 그들은 군인들의 호위를 받으며 도망쳐 버렸다. 군중들은 다시 인화문 앞에 모였다. 그때에는 군중의 수는 몇 갑절 불어 있었다. 그들은 화가 치밀어 올라 다투어 달려가서 조병식, 민종묵, 민영기, 윤용선 등 수구파 대신들과 유기환, 길영수, 이기동, 홍종우 등 <황국협회>의 주동자들의 집들을 부셔버리고 보부상의 본부인 <신의상무소>를 종적도 모르게 아주 때려 부셨다.

<대한제국>의 전제군주 고종황제는 돌아가는 모양이 심상치가 않자 친유를 내려 <만민공동회>의 주최자인 <독립협회>의

대표인 윤치호와 이상재 그리고 고영근 등 세 사람과 <황국협회> 측으로 홍종우, 길영수와 그리고 박유진 여섯 명을 함께 불러 양쪽의 요구 사항을 들었다.

그리고 고종은,

1. 익명서를 조작한 수구파 5대신을 처벌하고
2. <독립협회>를 다시 조직케 하되 다만 그 활동 범위를 제한키로 한다.
3. 중추원은 국정을 의결하는 의회로서가 아니라 자문기관으로 한다.

이렇게 결의 되었다고 통보하자 수구파에서는 구수회의를 긴급하게 모았다.

"대감님네들 얘기 들었소? 어차피 우리들이 살기는 글렀으니 그냥 이대로 죽기를 기다릴 수는 없지 않소?"

조병식이 음흉한 웃음을 흘리며 방안의 수구파 중신들을 훑어보자 이완용이 꾀돌이 조병식이 역시 좋은 수를 내놓으리라 생각해서,

"조병식 대감! 뾰족한 수라도 생각났소?"

"흐흐흐흐……."

입가에 비굴한 웃음을 흘리며 모두를 한 바퀴 돌아보고 소리를 낮추어,

"우리 이왕 죽을 바에야 이왕 죽은 바에야!"

뜸을 들이고 나서,

"선수를 쳐야지!"

"……."

모두들 무슨 뜻인지 몰라서 서로의 얼굴을 쳐다보고만 있었다.

"조대감 속 시언히 얘기를 해보구려!"

이완용이 재촉했다. 조병식이 방안의 모든 사람을 일일이 둘러보고 음침한 웃음을 흘리며 나지막하게,

"암살대를 보내 아예 죽여 버리지뭐!"

"뭐?"

"……."

방안은 갑자기 조용해진다. 오랜 침묵이 흐른다. 납덩이가 방을 짓누른다. 이완용이 조용히 결단을 내린다.

"그럽시다. 구체적 계획은 조대감이 세우시구려! 그럼 우린 이만 헤어집시다."

계엄령戒嚴令 월남月南 등 피체被逮

"월남 이대루 언제까지나 보구만 있겠소?"

"그럴 수야 없지! 아무래두 며칠 사이에 아무런 조치가 없으문 또 강경한 상소를 올려야지! 하루 이틀만 더 기대려봅시다, 남궁동지!"

"그 상소문은 이번에두 월남이 써야하지 않겠소? 윤치호 회장두 이대루 가만 있으문 안되겠다구 하던데요!"

"그러잖아두 민승지에게 다시 한 번 알아보라구 독촉했소!"

"그러지 말구 지금 아예 쓰시구려!"

월남은 잠깐 무언가 생각하는 듯 하더니 붓을 들고 하얀 종이에 예의 달필로 더욱 강경한 상소문을 쓰기 시작했다.

"폐하께서 익명서를 조작한 조병식 등 다섯 대신을 당장 처벌 하신다고 공표하셨으나 아직 아무런 조치도 없으시니 신들이 어찌 상감의 옥음-임금의 말-만 믿고 나랏일을 따르겠습니까? 하루 속히 재가 하신대로 결행을 지시하여 주시옵소서. 신급히 아뢰옵나이다!"

빗발친 상소문은 승정원의 민승지가 상감의 책상 위에 산더미처럼 쌓아 올렸는데 모두가 <독립협회>에서 올린 상소문이었다. 심약한 고종황제는 머리가 쪼개지는 것 같았다.

"여봐라 거기 아무두 없느냐?"

민승지는 재빨리 대령했다.

"찾아계시옵니까?"

"조병식은 어떻게 하고 있지?"

"죄를 뉘우치고 있는 모양입니다!"

"허어 사후약방문이로고! 그러면 어찌하여 그런 일을 저질렀는고? 어리석게……."

고종은 더 기다릴 수가 없었다. 그는 진정 백성들을 사랑하고 있었다. 사실 성군이 되고 싶었다. 영원히 역사에 기려질 그런 백성들을 정말 위했다는 어진 임금으로 받들어지고 싶었던 것이다. 그럴려면 백성들이 바라는 다스림을 해야한다. 결국 그건 지금 백성들이 바라는 그 군주제 민주주의 정체인 입헌군주제로 정치제도를 바꾸는 일이었다. 이른바 <만민공동회>가 주장하는 의회정치의 요구를 받아들이는 것이었다. 전제군주 고종황제는 마침내 윤치호, 이상재 등이 요청하는 영국식 입헌군주제를 허가하기로 마음을 굳혔다.

"여봐라 민승지!"

"예에, 대령했습니다."

"민승지! 아예 윤치호, 이상재 등의 개혁파들에게 정권을 넘겨주고 의회 설립을 허가하고 입헌군주제로 바꾼다고 알리지 그래!"

"예에? 그러면 <만민공동회>의 주장을 받아드린단 말씀이십니까?"

"그래야만 이번 사태를 수습할 수 있지 않겠느냐?"

"그렇긴 하옵니다만……."

절대군주인 고종황제가 그렇게 마음을 굳히는 순간 아시아의 동쪽 끝에서 연약한 양으로 알몸을 드러내놓고 있던 조선반도가 새로운 개혁국가로 태어나려고 하고 있었다. 그러면 지구상의 역사가 바뀌지고 지도의 빛깔도 새로 칠해졌을 것이다. 하지만 하늘은 그렇게 너그럽지는 않았다. 이미 그때에는 악마의 웃음인 조병식 등의 암살음모와 이웃 섬나라의 살쾡이 일본이 할퀴려고 이빨을 빠드득거리고 있었다.

우선 일본이 가만 있지 않았다. <만민공동회>의 힘의 위협을 받고 있다는 소식을 들은 일본의 가또 마스오加藤增雄 공사는 허겁지겁 궁중으로 달려 들었던 것이다.

"그 <만민공동회>인가 하는 자들의 문제는 어떻게 처리하실 작정이십니까?"

"왜요? 그건 우리나라 안의 문젠데……."

"아아, 예. 그저……. 아무리 이웃 나라 문제지만 남의 일 같지 않아서……."

만일 <대한제국>이 입헌군주국가가 되면 전제군주인 고종의 한마디로 나라의 운명이 결정되지만 의회가 생기면 이러쿵저러쿵 말이 많아 한 입에 삼키기가 어려워질 것이 뻔하므로 그 전에 어떻게 하든지 먹어치워야 하겠다고 생각했다.

"글쎄, 우리 국내 문제에 너무 깊이 말을 하는 것이 아니요?"

"아 예, 그건……."

차마 자기 속마음을 들여다 보이는 것처럼 느껴져서 뜨끔했지만 원체 능구렁이 같은 사람이라 시치미를 뚝 뗄 수 있는 간교함도 가지고 있었다. 그는 능란한 연극배우이기도 했다. 도대체 외국에 나가서 자기네 국가를 대표하는 대사나 공사를 하려면 임기응변으로 능청스럽게 적당히 우물쭈물 할 수 있는 재주를 가져야만 한다. 더욱이 조선의 공사로 그 당시 조선에 파견될 정도의 외교관이라면 능수능란한 베테랑급이 아니면 안되었다. 이토 히로부미伊藤博文 같이 내각총리 대신을 몇 번씩 지낼 정도의 노회한 정치가가 아니면 안되었다. 가또도 그런 정도의 기량은 가지고 있었다. 그는 이제 고급 수단을 써야 할 것으로 생각되어 일단은 물러 가는척 했다. 그러는 것이 일보전진을 위한 이보후퇴의 작전법이라는 것을 잘 알고 있었다. 아직 외국의 공사로 내정 간섭은 할 수 없지만 당당히 의견을 제의할 수는 있었다.

"폐하! 이건 외신이 말할 수는 없지만……."

그러자 고종은 그 뒷말이 무엇인지 더욱 듣고 싶어졌다.

"무슨 말인지 툭 터놓고 밀씀을 해보시구려!"

그러자 가또 공사는 고종이 걸려들기 시작했다고 생각되어,

"가령 프랑스 대혁명의 경우를 참고루 말씀드리면 그 당시 분노한 빠리시민들은 루이 14세를 단두대로 처형하고 그 길로 국사범들을 가두어둔 마르세이유로 행진해 가서 모든 정치범들을 석방시켰소. 그러니까……."

"그렇소? 그렇게 남의 나라 일까지 걱정해 주셔서 고맙소만 그러나 그건 외국의 문제이고 이건 우리나라 안의 일이니 간섭은 하지 마시오!"

고종은 그 가또의 말에 흥미를 느끼기 시작했지만 별거 아닌 양 슬쩍 딴 말로 둘러쳤다. 그러나 눈치 빠른 가또는 재빨리 고종의 마음이 움직이기 시작했음을 눈치채고 이제 걸려들기 시작했으니 한 걸음 더 물러서면 곧 걸려들 것이라고 단정하고 한 걸음 더 물러선다.

"아니올시다! 그저 우리 이웃나라 일이니 걱정스러워서 그랬

을 뿐입니다."

"고맙소. 남의 나라일루 걱정해 주셔서. 허허허."

고종도 그 가또 공사의 충언에 귀를 기울이려고 하지 않는 척 했다. 가또 공사는 속이 탔으나 더 이상은 외정에 노골적으로 간섭하는 것 같아 더는 강력히 진언을 하지 않는 척 해야겠다고 한 걸음 더 물러선다.

"황공합니다. 외신은 이만 물러가겠습니다."

그러면서 혼잣말 비슷하게,

"계엄령을 선포해서 모조리 폭도로 잡아넣으문 될터인데! 무얼 우물쭈물하시는지……."

가또 공사는 천천히 걸어나간다. 그러자 이번에는 고종이 정통으로 걸려 들었던 것이다.

"여보시오 가또 공사! 잠깐 거기 서시오!"

"예에 무슨 하교라도……."

가또는 입가에 빙긋이 미소를 흘리며 '이제 걸려 들었구나!' 하고,

"그 프랑스 혁명때 얘기 사실이요?"

가또는 이제 완전히 승리자의 자리에서 고종 앞의 외신자리에 걸터 앉아 자기 말을 힘주어 자신있게 길게 설명하기 시작했다.

"우리나라에 있어서도 명치유신때만 해도 모리毛利 사쯔마薩摩의 사무라이들을 부추겨 왕전복고를 하여 유신사업을 성공시켰지만 유신사업이 끝나자 그들을 모두 난민으로 몰아 체포했

습니다. 귀국에서도 <독립협회>가 조선의 개혁사업에 애쓴 것은 틀림없으나 일단 그 사업은 끝났으니 <만민공동회>의 업무도 끝났겠다 이제 계엄령을 선포해서 그들을 난민으로 몰아 감옥에 잡아 넣으시지요. 그럼 되지 않겠어요! 폐하께서도 군주제를 지속할 수 있고, 허허허."

고종은 무릎을 탁 쳤다 정말 묘안이었다. 실은 가또 공사는 그래야만 전제군주의 한마디로 <대한제국>을 통째로 삼킬 수 있는 최종 목적을 이룰 수 있었던 것이다. 고종은 민승지를 불렀다.

"예에. 승지대령했습니다."

"곧 계엄령을 선포하시오!"

"예에? 무슨 일……."

"<독립협회>의 난민들을 잡아들이겠소."

"예에?"

그리하여 <계엄령>이 선포되고 이상재 이하 340여 명의 <독립협회> 핵심회원이 국가전복 반란죄로 구금되었던 것이다. 이상재 등은 어리둥절했다. 그야말로 마른 하늘에 날벼락이었다. 의회가 설립되고 <입헌군주제>가 수립되는가 했는데 웬 날벼락인가! 이건 천국에서 지옥으로 나가 떨어진 것이다. 전화위복이 아니라 복이 변해서 화가 된 셈이니까! 그것도 절망적인……. 그러다가 <한일합방>이 되고서야 이상재 등은 이른바 일본의 목인睦仁인 메이지천황明治天皇인의 은사恩賜로 석방되었던 것이다.

늙은 청년青年

성신이 역사함

감옥에서 본 요한복음

공맹孔孟의 가르침인 유교도덕에 젖어서 그 알맹이 속에서 자기 삶을 키워 온 이상재로서는 캄캄했던 어둠의 벽에 갇혀 있던 감옥을 깨뜨리고 꽁꽁 얼어 붙어 꽉 막혔던 가슴이 한꺼풀 한꺼풀씩 벗겨져 가고 있었다. 밝은 하늘로 두둥실 떠올라 이상재는 활짝 트인 하늘로 훨훨 날아 오른다.

‘심령이 가난한 자는 복이 있나니 천국이 저희 것임이오. 애통하는 자는 복이 있나니 저희가 위로를 받을 것임이오…….’

성경책에도 과연 진리가 있구나! 라고 월남 이상재는 생각하기 시작했다.

'내가 율법이나 선지자를 폐하러 온 줄로 생각하지 말라. 폐하러 온 것이 아니오 완전케 하려 함이로다.'
라는 대목에 이르자 월남은,

'그렇지 이제까지 금과옥조처럼 믿어왔던 공자 맹자의 가르침을 버리지 않아도 될 수 있구나.'
하고 안심도 되었다.

'악한 자를 대적치 말라……. 너희 원수를 사랑하며 너희를 핍박하는 자를 위하여 기도하라. 이같이 한즉 하늘에 계신 너희 아버지의 아들이 되리니'

이에 이르자 기독교는 참으로 관용의 박애정신이 충만한 종교라고 새삼 감탄을 했다.

'너희는 그의 나라와 그의 의를 구하라 그리하면 이 모든 것을 너희에게 더하시리라. 그러므로 내일을 위하여 염려하지 말라. 내일은 내일 염려하는 것이요. 한날 괴로움은 그 날에 족하리라.'

예수라는 분의 말이 어쩌면 그렇게 내 생각과 같을까 하고 월남 이상재는 감탄을 금할 수가 없었다. 점점 두꺼웠던 껍질이 거의 벗겨지고 있었다. 곧 월남 이상재는 누가 그랬는지는 모르지만 감방 안 엉성한 갈대 자리 밑에 숨겨 놓은 요한복음서가 무척 고마웠다.

월남 이상재는 임금의 재가를 얻어 잡혀와서 갇힌 이른바 계하수啓下囚로 어지간 해서는 풀려나기가 힘든 중 죄인이다. 더욱이 그는 둘째 아들 승인承仁이와 함께 잡혀와서 같이 갇혔던 것이다. 죄명은 정부전복죄란 어마어마한 곧 국가반역죄인 역적으로 사돈에 팔촌까지인 구족九族이 처벌받는 대역죄인 것이다. 그 죄상을 구체적으로 밝히면 민영환閔泳煥을 회장으로 박정양朴定陽을 부회장으로 하는 조선협회朝鮮協會를 만들어 <독립협회> 잔당들을 모조리 모아 일본으로 망명한 부일당附日党과 연락하여 정부를 개혁하려는 음모를 꾸민 국사범이라는 것이다.

이근택李根澤이 총감인 새로 만든 이른바 경위원이라는 비밀경찰-박정희 군사정권 시대의 중앙정보부와 같이 갖은 악랄한 고문을 자행했다-에게 잡혀가서 둘째 아들 승인이를 갖은 악형과 고문을 가해 그 죄없는 젊은이가 열 일곱번이나 기절하면서 견디다 못해 자기네들이 멋대로 작성한 자백서에 도장을 찍으라고 월남에게 강요하자 이상재는 자기 도장을 내던지면서 모든 것을 심지어 살려는 의욕도 단념하듯,

"자백서도 너희들 마음대로 썼으니 도장도 마음대로 찍어라!"

60일 동안 고문을 받은 끝에 완전한 국사범으로 결정되어 1902년 8월에 한성 감옥으로 옮겨져 사형만을 기다리게 되었다.

죽음을 넘어

그 옛날 예루살렘의 마가의 다락방에 임한 성신聖神이 1800년 뒤에 한성 감옥의 어두컴컴한 감옥에 단비로 내렸다. 이때 서울

장안거리에는 옛날 <독립협회> 동지들은 물론이고 많은 청년들과 학생들이 쏟아져 나와 월남 등 감옥에서 고생하는 죄 없는 죄인들을 놓아 주라고 아우성이었다. 시위운동이 골목 골목을 누볐다.

본디 신교 선교사인 아펜젤라H. G. Appenzeller, 언더우드H. G. Underwood, 에비슨O. E. Avison, 벙커D. A. Bunker, 게일J. S. Gale, 헐버트H. B. Hulbert 등이 차입해 준 여러 가지 책들로 감옥문고를 만들어 번갈아 읽기도 했던 것이다. 물론 성경, 찬송가가 제일 먼저였고 그 밖에 영문서적으로 뉴욕 아웃룩NewYork Outlook 같은 것과 중동전기본말, 청일전쟁사, 천로역정天路歷程-J. Bunyans Pilgrims Progress-과 심지어 한국의 고대소설인 구운몽九雲夢까지 넣어주었다.

또한 김영선金英善이라는 이해성이 깊은 사람이 감옥서장으로 부임한 뒤에는 감옥 안에 학교까지 만들어 죄수들이 공부도 할 수 있도록 선처해 주었다. 이에 대해 월남 이상재는 감사의 글까지 썼던 것이다. 그리하여 이승만李承晩, 신흥우申興雨 등 학식 있는 죄수들과 함께 글을 깨우친 사람은 어른들 13명과 옥리들을 합쳐 40여 명이나 성경과 한글, 영어, 국사 등을 깨우쳤다.

신흥우의 부친인 신면휴申冕休는 그의 『잠훈편등箴訓編謄』이라는 책의 「옥중개학전말獄中開學顚末」에서,

"옥중에서 학교가 설립되었다는 것은 옛날에도 없었던 일이

다. 죄를 짓고 오랫동안 갇혀 있을 때 울적함을 견디기 어려워서 책이나 읽는 것으로 세월을 보내는 경우는 있었다……. 그러나 그것은 개인으로 한 일이고 관이 시켜서 한 일은 아니었다. 하물며 김영선이라는 감옥서장과 옥리들이 록봉에서 얼마씩을 추념하여 학교를 세워 죄수들을 교화시키려는 갸륵한 뜻을 가지고 있음은 길이 기릴 일이다. 전에도 없었고 또 뒤에도 거의 없을 일이었다."

뒤에 황성皇城 기독교청년회 총무를 지낸 바 있는 김정식金貞植 목사-고당 조만식이 일본 도쿄에서 창설한 조선인 기독교청년회의 초대 총무이기도 했다-는 그가 예수를 믿게된 동기를 이렇게 말하고 있다.

"게일Gale 선교사가 차입해 준 한문 성경책을 여덟 번이나 읽었으며 천로역정 등도 읽었지만 오로지 무디 목사O. L. Moody의 설교집을 읽는 가운데 마음의 큰 변화를 가져왔다. 결심이 섰던 것이다."

헌데 월남 이상재의 경우는 약간 다르다. 그는 연전에 박정양 공사를 수행해서 미국에 갔을 때 이미 성경책을 접할 수가 있었다. 그때에는 기독교 국가가 예수를 믿기 때문에 강성한 나라가 되었지만 예수를 믿는 것이 오히려 믿음직스럽지 못하다고 생각했었다. 감옥에서 삿자리 밑에 숨겨 깔아 놓은 성경책 요한복음서를 내리 읽는 가운데 자신도 모르게 점점 이끌려 들어가서 결국 성신이 역사한 것이다.

'태초에 말씀이 계시니라. 이 말씀이 하느님과 함께 계셨으니 이 말씀은 곧 하느님이시라……. 그 안에 생명이 있었으니 이 생명은 사람들의 빛이라. 빛이 어두움에 비치되 어두움이 깨닫지 못하더라.'

'하느님이 세상을 이처럼 사랑하사 독생자를 주셨으니 이는 저를 믿는 자마다 멸망치 않고 영생을 얻게 하려 하심이라……. 너희는 썩는 양식을 위하여 일하지 말고 영생하도록 하는 양식을 위하여 일하라……. 진리가 너희를 자유케 하리라……. 나는 부활이요 생명이니 나를 믿는 사람은 죽어도 살고 살아서 믿는 사람은 영원히 죽지 않으리라……. 한 알의 밀알이 땅에 떨어져 죽지 아니하면 한 알 그대로 있고 죽으면 많은 열매를 맺느니라……. 아버지께서 내 안에 계시고 내가 아버지 안에 있는 것 같이 그들도 하나가 되어 우리 안에 있게 하여 주소서'

월남 이상재는 너무 감명을 받아서 읽고 또 읽고 30번 이상이나 읽었다. 가슴이 뜨거웠다.

더욱이 예수님이 로마병정들에게 붙잡혀 가기 전에 베드로에게,

"네가 이 사람들보다 나를 더 사랑하느냐"

"주여! 그리하외다. 내가 주를 사랑하는 줄을 주께서 아시나이다."

그렇게 세 번씩이나 묻는 대목에서 월남 이상재는 마치 하느

님께서 자기에게 '내 양을 먹여라 내 한국 백성을 먹여라!' 하는 것 같았다.

또 21장에서 다시 제자들이 갈릴리 바닷가로 가서 어부로 생계를 이으려고 할 때 예수께서 나타나서 다시 고기를 많이 잡도록 가르쳐 주시고 함께 식사를 하는 장면에 까지에 이르러서는 하느님의 음성을 확실히 듣게 되었다. 성신께서 역사하신 것이다. 월남 이상재는 1903년 2월부터 1904년까지 2년간 옥중에서 도서실의 책을 24종이나 빌려다 읽었다. 그중에는 신약성서는 물론이고 『기독교실록基督教實錄』, 『로득개교기략路得改教紀略』, 『성경문답聖經問答』 등이었다. 이로써 월남은 기독교에 대한 믿음이 더욱 깊어져 갔다. 곧 월남 이상재는 감옥 속에서 예수를 믿기 시작했으니 지옥이 즉 천국이었다. 사실 월남 이상재는 죽음의 한발자국 앞인 지옥에서 하늘나라로 가는 밝은 길을 찾았던 것이다. 그것은 바로 성신이 역사하신 것이다.

〈청년青年〉을 위해

눈부시도록 밝고 찬란한 햇살이 투박한 나무창살을 헤치고 쏟아져 들어왔다. 월남 이상재는 까무라치도록 놀라 얼굴을 땅바닥에 묻고 꿇어 엎드렸다. 그의 귀에 은은히 아름다운 노랫소리가 울려왔다. 천군 천사의 합창소리였다. 새로운 성도를 영접하는 하늘의 잔치가 벌어지려는 것이다. 사울은 <다매섹>으로 예수의 부활을 믿는 예수교 신자들을 잡아 처단하기 위해 급히 서둘러 그리로 가던 길이었다. 갑자기 어디선가,

"사울아! 사울아! 너는 어디로 가느냐?"

"……. 누구시나이까?"

"나는 네가 핍박하는 예수다!"

사울은 <다매섹>에서 사흘 동안 눈이 어두웠다가 눈까풀에 끼었던 비늘이 떨어져 나가면서 다시 밝은 하늘을 우러러 보게 되자 이번에는 목숨을 내놓고 그리스도가 죽임을 당했다가 다시 살아나심을 전파하는데 힘을 다했다. 그 뒤의 일이다. 사도 바울로 이름을 고친 사울이 옥 속에 갇혀 있을 때 하느님의 기적으로 옥문이 열려서 얼마든지 도망칠 수 있었지만 또 옥을 지키던 옥리들이 바울이 도망치면 자기네들이 처벌받을 것을 걱정하는 가운데 바울이 태연히 앉아있으며 빙그레 웃으면서,

"나는 도망하지 않고 여기 있으니 아무 염려 마시오!"

라고 하였다는 모습을 생각하며 월남 이상재는 빙그레 웃었다. 성신님 어쩌면 그렇게 역사하시는지! 거듭난 이상재는 이제는 어떠한 일이 있더라도 하느님의 일을 위해 목숨 바쳐야겠다고 다짐하는 것이었다. 역시 성신이 역사하심인지 러일전쟁이 일본의 승리로 쉽게 끝나고 동지인 민영환과 윤치호가 고종 임금의 총애를 회복하여 다시 높은 벼슬에 돌아오고 월남과 평소부터 친분이 두터웠던 심상훈沈相薰, 김가진金嘉鎭이 요직에 앉게 되면서 그들의 간곡한 주청으로 죄없는 죄인인 이상재를 고종

황제는 억울한 옥살이에서 풀어 주었다. 그러자 또 우스운 일이 일어났던 것이다. 일본공사의 통역관이라는 자가 쫓아와서 하는 말이,

"이번에 영감님이 풀려난 것은 우리 공사님이 애쓰셨기 때문이니 곧바로 찾아가서 고맙다고 인사를 드리십시오!"

"나를 놓아 주신 것은 우리 황제의 은사요!"

그렇게 잘라 말했더니 그 통역관이라는 자는 메사해서 꽁무니를 빼고 말았던 것이다. 그리고 하느님의 은총이라고 입안까지 나왔지만 꾹 참았다. 이상재는 옥에서 풀려나자마자 자기를 기독교 신자로 이끌어 준 게일Gale 선교사와 헐버트Hulbert 선교사를 찾아가서,

"그 캄캄한 옥 속에서 하느님을 만나게 해주셔서 정말 고마웠습니다. 이제는 다시 거듭나서 하느님의 일을 하면서 남은 인생을 바치겠습니다."

게일은 토론토대학Toeonto University 학생으로 미국 Y.M.C.A.가 파송해서 한국에 왔다. 1886년 8월 미국 매사추세츠Massachusetts 주 마운트Mount Herman에서 열린 하령회에서 '우리 모두 가자', 그리고 '모두 다에게로'라는 주제로 설교한 인도자 무디 목사 Rev. D. L.moody를 스승으로 하여 멀리 이역만리 대한에 기독교를 전파하기 위해 왔던 것이다. 이 두 선교사가 이상재가 옥에 갇혀 있을 때 많은 서책을 차입해 주어서 하느님을 만날 수 있게 해주었다. 심령이 새로 태어나도록 구원한 은인들이었다. 월

남이 출옥하자마자 찾아가자 두 사람은 무척 반가워했다.

"영감 출옥을 축하하오!"

"두 분 덕분에 감옥 속에서 하느님을 영접했으며 많은 서책을 넣어주셔서 참기 힘들었던 시간들을 보낼 수 있어서 고맙했습니다. 제일 먼저 찾아 뵌 겁니다."

"영감! 이제 나라를 위해 청년들을 위해 애써 주십시오!"

"청년?"

"예. 청년이요! 이 조선에서 말하는 그 소년(지은이: 최남선이 지은 신체시 '해에게서 소년에게'는 곧 '젊은이에게'라는 뜻이다)은 소년이 아니고 우리 서양에서 말하는 Young Man 곧 Youth 말이오. 우리들이 만든 <황성 기독교청년회>에서 일을 좀 해 주셔야겠소."

"예에? <황성 기독교청년회> 그것이 뭔데요? 또 언제 만들어졌나요?"

"아아 모르구 계셨군요 얼마 전에 이 한성에 창립했는데요! ……."

"예에? 그럼요! 하구 말구요! 바라던 바입니다!"

월남 이상재는 비로소 앞날이 훤히 트이는 것 같았다. '그렇지 그 청년들 속에 들어가서 청년이 되서 늙은 젊은이로 일을 해야지! 늙은 청년! 흐흐흐…….' 가슴 밑바닥에서 새로운 힘이 솟는 듯 했다. 늙은 청년! 그 어찌나 멋진 말인가! 월남 이상재는 그 새로운 말에 홀딱 반했다. 이제 정말 늙은 청년이 되어야지! 여태껏 우리나라에는 왜 그런 말이 없었지? 사람의 운명이란 참 우습다. 월남 이상재의 후반생의 갈피가 이렇게 간단히 결정된 것이다. 아니 하느님의 섭리인지 모른다.

죽음을 넘어 저 높은 곳을 향해

캄캄한 감옥에서 풀려나 광명한 세상, 심령이 보다 더 거듭난 기독교인으로 새로이 태어난 월남 이상재는 이제야 심기일전 하느님의 종으로 오로지 저 높은 세상으로의 거룩한 일에 몸바치기로 굳게 마음 먹었다. 마침 1905년 5월에 Y.M.C.A.의 총회에서 오랜 동지인 윤치호가 새로이 부회장으로 추대되고 김정식 목사가 부총무로 선임되었다. 이상재는 교육부 위원장으로 마땅한 일자리가 주어졌다. 새로이 이름지어진 청년이라는 매력적인 이름의 젊은이들을 위해 나머지 목숨을 바칠 수 있게 되어 어찌나 감사하고 기쁜지 모르겠다. 춤이라도 덩실덩실 추고 싶었다.

항상 감사할! 정말 성신이 역사함이 고마웠다. 하늘의 은총이 자기 혼자의 몸에 내려 부어진 듯 했다. '저 높은 곳을 향해 뜻있고 보람 있는 나머지 반생을 마칠 죽음의 자리를 마련한 것이다. 저 높은 곳을 향해 나아 가야지! 올라 가야지!'

지난날 과거를 보기 위해 한산이라는 충청도 시골에서 멀리 한성까지 근 천리길을 언감생신 노새를 타는 것은 어림도 없고 타박타박 걸어서 천안삼거리를 지날 때 휘휘 늘어진 능수버들을 매만지며 만일 과거에 낙방하면 살아서 다시는 너를 보지 않으련다 다짐하던 날이 엊그제 같은데 새삼 웃음이 저절로 나온다.

그 썩고 썩은 벼슬자리를 해 볼대로 해 보았고 악착 같이 살려고 애도 써보았다. 오히려 그 높은 벼슬을 탐낸 지난날이 참 우스워졌다. 세속의 영욕을 욕심하던 것이 새삼 부끄러웠다. 헛된 꿈을 버리고 이제 거듭난 영혼의 하늘 위에서 사도 베드로처럼 사람을 낚는 어부가 되려고 힘을 기울이고 있다. 얼마나 자랑스러우냐! 지금은 들에 핀 풀 꽃 같은 육신의 망상을 버리고 영원한 생명의 평화를 위해 대장 예수의 깃발을 들쳐메고 앞으로 앞으로 나아갈 뿐이다. 월남 이상재는 이제야 자기가 이 세상에 태어난 뜻을 하느님의 섭리로 깨달았다. 희열을 느꼈다. 주님의 일을 하고 있다는 자랑스러움과 소망 속에 보다 참된 꿈을 위해 하늘을 향해 한 걸음 한 걸음 나아가는 씩씩함! 이 얼마나 자랑스러운가!

더욱이 청년이라는 새로 찾은 낱말의 신선함! 그렇지 그 청년을 위해 싸우다 죽은들 이 한 몸 무엇이 아까우랴! 설혹 몸이 백쪽 천쪽으로 쪼개진다 해도 결코 아깝지 않겠다. 그런 마음이었다. 용기백배해서 <황성 기독교청년회>로 달려갔다. 그는 1850년 생이니까 1905년인 지금 쉰 다섯의 초로의 인생이다. 좀 점잖게 천천히 걸어서 가지 않고! 그렇지만 너무 느린 것 같아 천천히 걸을 수는 없었다. 마음이 급했다.

교육위원장 밑에는 간사가 여럿 있었다. 우선 김규식金奎植-조국의 독립을 위해 싸우다가 뒤에 <대한민국임시정부> 부주석으로 고국에 돌아온 지사-과 육정수陸定修, 이교승李敎承 등이 있어서 월남을 돕고 있었다. 그 밖에 서무간사로 배재학당 출신인 최재학崔載學이 있었고 운동부 간사로 김종상金鍾商이 뒤에서 힘을 보태 주고 있었다. 그런가하면 <독립협회>에서 함께 일을 하다가 감옥살이를 같이 하던 이원긍李源兢, 유성준兪星濬, 홍재기洪在箕와 또 김린金麟 등이 교육부와 그 밖의 위원으로 배치되어서 무척 힘이 되어 주었다.

월남 이상재가 Y.M.C.A.에서 청년들의 교육을 위해 힘을 기울인 것은 「권고청년」이라는 글에 잘 나타나 있다. 물론 월남은 이미 Y.M.C.A.의 정신과 진리를 파고 들었으며 그런 기독교정신에 더해서 기독교청년회도 운영되고 있다는 것을 깨달았던 것이다. 이렇게 월남 이상재는 예언자 순교자 성자였을 뿐 아니라 영, 지, 체, 삼, 육 정신을 갖춘 강력하고도 완숙한 Y맨이기도 했던 것이다. 헌데 여기서 어려운 한문이 많이 섞인 원문을 구태여 소개하는 뜻은 월남 이상재가 한문에도 능했다는 것을 독자들에게 알리기 위함이다.

하여튼 월남이 1906년부터 Y.M.C.A. 운동에 힘을 쏟기 시작하자 성경반에서 공부해서 예수를 믿은 사람이 75명이나 되었고 학생이 1,200명에 달했다. 그 중에 1,000여 명이 회원이 되었고 새로이 성경반에 들어온 사람이 무려 4,208명이나 되었던 것이다. 월남은 성경 말씀에 '예수를 믿는 사람은 세상의 빛과 소금이 되라!' 이 말씀을 실천하려고 무척 애썼다.

그 때에는 야고보서가 별로 두던되지 않을 때였으니 마치 옛날 유대 땅의 선지자처럼 말씀과 행동이 일치해야만 말씀의 참뜻이 살아난다고 보았던 것이다. 그토록 그는 예언자였다. 이제 탕자蕩子가 돌아온 것처럼 세속의 영달을 갈망하던 야망을 버리고 주님의 종으로 하늘로 가는 거룩한 영적 사업에 순하려고 했다. 그런데 뜻하지 않게 전제군주 고종으로부터 의정부 참찬議政府 參贊으로 와달라는 명이 떨어졌다. 마른 하늘에 날벼락이었다. 사탄의 장난이었다. 모든 정력을 Y사업에 쏟고 있을 때 다시 세속의 벼락이 떨어졌던 것이다.

이상설이라는 의정부 참찬이 1905년 11월 8일 맺어진 일본과의 이른바 을사보호조약乙巳保護條約에 반대하여 벼슬을 박차 버리고 야인으로 돌아가 이준李儁 열사와 함께 네덜란드의 수도 헤이그Hegue로 떠나서 일본의 <대한제국> 외교권을 악랄하게 늑탈한 것을 규탄하고 불응하자 이준 열사가 분개해서 할복자살할 때 동행했던 것이다. 그러자 월남 이상재는 여러 차례 사양했다. 썩은 벼슬아치들과 섞일 수 없거니와 이제는 하느님의 일에 모든 힘을 기울이려 한다고 극구 사양했다.

"그들과 섞여 일을 하라시면 차라리 저를 죽이십시오! 그렇지 않으면 그들을 모조리 죽이거나!"

"과인을 위하는 충신들이 모두 과인을 떠나면 짐은 누구를 믿고 나라를 다스리라는 말인가?"

임금이 울다시피 매달리는 바람에 감정이 여린 월남은 마지 못해 고종의 청을 받아드려 의정부 참찬에 복직했으며 워낙 청렴한 월남은 청백리의 곧은 지조로 곧은 정사를 펴는데 애썼지만 마음 한구석에는 청년들의 교육에 항상 쏠리고 있었다.

바위와 달걀

먼저 월남을 처치토록

"그자가 행동부대의 지휘자니까! 조금만 기다립시다. 아니 곧 당도할거요"

그러자 밖에서 기침소리가 들리며 장본인인 홍종우가 들어온다.

"어서 오게 왜 늦었지?"

"수상한 자가 뒤 따라 오는 것 같아서 따돌리누라구……."

"만사 조심하는게 좋지. 그렇구 말구!"

아까시明石 총감은 가운데 턱 자리 잡은 안락의자에 앉고서,

"그럼 구체적인 얘기를 하지!"

아까시 경무총감은 송병준宋秉畯 <일진회一進會> 회장에게,

"그 <황국협회>인가 뭔가 하는 단체의 이 홍종우 군을 꼭 끌어드려야 하나요?"

"물론이죠. 여기 홍군두 왔으니까 통감께서 먼저 말씀하시죠!"

"아무래두 이완용 총리각하의 마음을 편하게 해드릴려면 그 이상재가 하는 영감태기를 골탕멕여야 할테니……. 우선 이완용 각하의 뜻을 물어 보는 것이 좋을 듯 한데요?"

"그렇군요. 그럼 직접 전화를 걸어보시지!"

송병준이 찬성한다. 아까시 총감 전화를 건다.

"저어, 여기는 일본통감부 경무총감 아까시라는 사람인데요 총리각하 좀 바꿔 주실 수 없습니까?"

그러자 심부름 하는 계집종이 연락해서 이완용이 직접 전화를 받는다.

"여기 송병준 회장과 홍종우 씨가 와 있는데요! 우선 Y.M.C.A.의 이상재를 혼내주려구 하는데 특별히 지시하실 게 있으문 하구 말입니다."

수화기를 통해 들려오는 말소리가 선명하게 들린다.

"그 자에게 당한 옛 일을 생각하문 아직두 이가 갈리는데 송병준 군두 잘 알구 있으니까, 게다가 <황국협회>두 역시 이상재에게 당한 편이니까 도와 줄거라구 생각하오."

그러자 아까시 총감은 송수화기를 손으로 막고,

"그래 누구라구 했지? 힘깨나 쓰는 자 말이요. 우리들이 직접 나서문 곤란하니까."

이때 홍종우가 선뜻 나선다.

"현동순 말이요?"

"그래 이번엔 그 현이란 자를 앞세우지!"

"좋습니다. 헌데……."

아까시 총감은 눈치도 빨랐다.

"공작금은 염려말게 충분히 댈테니까!"

이 때 송병준 회장이 무슨 생각이 떠오른 듯,

"잠깐, 우선 그 간판에서 황성이라는 두 글자를 쪼아버리두룩 하는 것이 어때?"

"으응, 그 좋은 생각이요. 그럼 운영상 큰 타격을 받게 되겠군! 허허허."

"홍종우 군! 그 다음에 폭력을 써두 늦지 않을걸세. 우선 그렇게 하게."

"예에, 그러죠"

"그리구 아까두 말했지만 공작금은 걱정하지 마시오. 누구라구 했더라……. 응, 현군? 그 친구에게두 넉넉히 줘요. 다 나오는 데가 있으니끼. 허허허……."

가까이에 있는 문갑 서랍에서 돈 뭉치를 끄집어내서 홍종우에게 던져준다. 홍종우는 마치 개에게 던져주는 미끼를 받듯이 냉큼 받아든다. 아까시는 빈틈이 없었다.

"헌데 절대루 이 돈이 누구로부터 나왔다는 것은 절대 비밀루 해줘야겠소."

"여부가 있겠소."

송병준이 대답한다.

"그리구 팔 다리 하나쯤 부러뜨려두 괜찮지만……. 그 이상은……."

"알겠습니다. 하하하."

"하하하."

"그럼 홍군 부탁하네."

"걱정마세요."

그리고 뿔뿔히 헤어져 갔다.

나라는 자기네 영욕의 미끼

남산중턱에 음흉스럽게 그러나 일본식으로 잘 다듬어진 정원의 소나무 사이를 재빨리 걸어 들어가면서 아까시 모도지로 明石元二郎 경무총감은 뒤쫓아오는 일진회 회장 송병준에게,

"송 회장. 오늘 저녁 모임에 있어서 송 회장님의 역할은 정말 중요합니다. 이완용 총리에게 결정적인 조언을 하셔야 겠습니다."

"허허허……. 그건 염려 잡아 붙들어 매라니까요 이미 약칠은 해놓았으니까요. 허허허."

이런 대화가 오가며 나라를 팔아먹는 음모가 잘 짜여졌음을 장담하고 있었던 것이다. <조선통감부>의 뒷뜰 한구석에 비밀스럽게 자리한 별채에는 <대한제국>의 장래가 좌우될 중대한

회의가 긴장한 공기 속에서 진행되려고 하였다. 한가운데는 이 집의 주인이며 칼자루를 쥐고 있는 새로 부임한 데라우찌 마사다게寺內正毅 조선통감이 의젓하게 앉아 있고 그래도 손님이며 <대한제국>의 내각총리대신인 이완용이 그 맞은 편에 엄숙한 얼굴로 대면하고 있다. 이어 음모의 주역인 <조선통감부>의 꾀돌이 아까시 모도지로오 경무총감과 <대한제국>측의 이면 실력자 일진회의 송병준 회장이 그래도 공손한 모습으로 고개를 숙인채 들어와 앉는다. 이미 모두 자리에 앉아 있는 한일 두 당사국의 고관들이 앉아 있는 빈자리에 가서 자리한다.

둘레에는 아까시 모도지로오 경무총감과 <대한제국>의 내부대신 박제순朴齊純이 원탁을 가운데로 하여 마주 앉아 있다. 원탁 한 옆에는 친일단체로 그동안 앞 뒤에서 한일합방에 갖은 애를 써오던 일진회의 송병준과 이용구李容九 중 회장인 송병준만이 초청되어 박제순의 옆에 떡 버티고 앉아 있었는데 자기가 끼어들 기회만을 기다리고 있었다. 물론 관저 주위에는 중무장한 일본 헌병들이 삼엄한 경비를 서고 있다. 아까시 총감이 먼저 입을 뗀다.

"통감각하. 이완용 총리각하와 박제순 대신께서두 정좌하셨으니 회의를 시작할까요?"

"어떻습니까, 이 총리."

그러다가 마침내 기회가 왔다. 이때 재빨리 옆에 앉아있던 <일진회> 회장 송병준이 끼어들었다.

“어차피 <대일본제국>의 보살핌 없이는 조선은 더 이상 버텨 나갈 수 없는 국제정세이니 하루 속히 일본과 합치는 것이 상책일 것입니다.”

그런데 설혹 실권은 없다손 치더라도 역시 마지막 결정권을 가진 고종황제는 일본과의 합방을 결사 반대하고 있는 윤치호나 이상설이나 이상재 등 충정파들이 끝까지 고종을 끈질기게 둘러싸고 절대로 옥쇄를 찍어서는 안된다고 두고 두고 충언을 거듭할 뿐 아니라 황제 자신도 역시 나라를 내놓는다고 생각하니 가슴이 찢어지는 것 같아 마음내키지 않아서 망설이고 있었다. 그래서 총리대신인 이완용에게도 확답을 내리지 않고 있는 것이다.

이완용은 그런 고종의 진심을 잘 알고 있기 때문에 아무래도 꺼림칙했으나 일본의 군벌들이 강압하는 바람에 위험을 느껴 실은 지금껏 결단을 내리지 못하고 있었던 것이다. 그래서 아까 시 총감의 전화를 받고 혹시나 한일합방문제가 아닌가하고 한편 걱정도 했던 것인데 뜻밖에 월남 이상재에 대한 분풀이를 하자는 것이었기 때문에 용기로 바뀌었던 것이다. 그래서 통감부로 달려왔던 것이다. 이완용은 서슴 없이 자신을 가지고 분명히 대답했다. 만일 고종황제가 아직도 망설이면 저렇게 일본군인들이 총칼로 협박하는데 무슨 재주로 반대하겠느냐고 밀어부칠 작정이었다. 그러면 본디 심약한 고종황제도 마지 못해 옥쇄를 찍지 않을 수 없으리라고 생각했던 것이다.

"그렇소 송 회장 말씀대루 하시지요, 이완용 총리각하!"

그러자 이완용 총리는 침울한 표정이었지만 명쾌한 말투로 데라우찌 통감의 제의를 받아들인다.

"그러시죠! 뭐. 우리는 손님격이니까 하자는 대루 할 수밖에요."

그러자 아까시 총감은 준비해 놓았던 서류를 서랍에서 끄집어 내놓는다. 용의주도하다. 이미 모든 준비를 끝내 놓은 모양이었다. 아까시 총감은 데라우찌 통감에게,

"통감각하! 이 총리대감에게 우선 도장을 찍으시라구 하시죠!"

"그러지."

데라우찌 통감은 그래도 공손하게,

"이완용 총리각하! 먼저 문서 내용을 읽어 보시겠습니까? 조금이라두 마음에 드시지 않으시면 지금이라두 다시 생각하셔도 괜찮습니다. 모든 사안은 신중히 처리하셔야 하니까요!"

"어련하시겠습니까. 어느 분이 초안하신 건데요?"

"그래두 만사 튼튼히 처결하시는 게 뒤탈이 없을 터이니까요!"

"여부가 있겠습니까!"

아까시가 끼어든다.

"허지만 우리 일본측두 몇 번이구 몇 번이구 되풀이 읽어 보구 읽어 보구 해서 작성한 문섭니다. 그점 염려할 것 없습니다. 통감각하 그리구 이 총리각하!"

이때 이완용이 다짐한다.

"잠깐 읽어보긴 하겠습니다만 우리 고종황제 폐하와 황실의

안녕에 대해서는 분명히 안전을 보장한다구 밝히셨겠지요?"

"그건 염려하실 것 없습니다. 여기 보십시오"

아까시 총감은 낭독한다.

"<대일본제국>의 천황폐하께서는 <대한제국>의 황제폐하와 황실을 <일본제국>의 황실과 추호도 다름 없이 대접할 것을 보장합니다. 이렇게 밝히구 있지 않습니까!"

그동안 이완용 <대한제국> 총리대신은 그 문서의 내용을 신중히 듣고 있다가 고개를 주억거린다.

"우리 고종폐하와 황실에 대해 안녕을 보장한다면 조인을 하지요.!"

안주머니에서 도장을 끄집어 내고서 박제순 내부대신더러도 고개를 끄덕이고 문서에 도장을 찍는다.

그 광경을 유심히 쳐다본 데라우찌 통감은,

"아마 우리 천황폐하께서는 이완용 각하께 후한 상급을 하사하실겝니다. 하하하……."

여기 <대한제국>은 영원히 주권을 상실하고 그 이름이 지구 저쪽으로 사라져 가려는 판이었다. 영원히!

나라를 빼앗기고

통곡하는 애국자

1910년 8월 29일 월남 이상재는 재동 자기집 안방에서 무릎을 꿇고 서쪽 경복궁을 향해 큰 절을 올렸다. 고종황제 폐하에게 그동안에 받아온 총애를 고마워해서 마지막 하직 인사를 하는 셈이었다. 그런데 어쩐 일인가. 가슴이 콱 메여왔다. 답답해서 숨이 꽉 막히는 것 같았다. 가슴이 찢어지는 것 같았다. 도저히 가만히 앉아 있을 수가 없었다. 입은 채로 거리로 뛰쳐나갔다. 갈 데가 없었다. 터벅터벅 걸었다. 발 길은 어느새 자기도 모르게 종로에 있는 <황성 기독교청년회 회관>으로 향하고 있었다. 그건 마치 그 옛날 신라의 명장 김유신의 말이 애첩인 기생 천관天官의 집으로 가는 것과 꼭 같았다.

회관의 묵직한 열쇠를 어떻게 열었는지 모른다. 딱딱한 나무 의자에 걸터앉아 있는 자신을 발견한 것은 한참 뒤였다. 한참 동안 멍청히 창 밖의 먼 하늘을 아니 흘러가는 구름을 바라다보고 있는 자신을 발견했다. 솟구쳐 오르는 흐느낌을 어쩌지 못했다. 그 자리에 쓰러져서 땅을 치며 한참 동안 통곡했다. 실컷 울고나니 그런대로 속이 좀 풀렸다. 얼마나 앉아 있었는지 모르겠다. 벌써 다 저녁이 된 모양이었다. 땅거미가 지고 어스름이 내려 깔리는 한성의 하늘은 짙은 먹구름이 내려 깔리고 있었다. 어디선가 길 잃은 까마귀 한 마리가 까악까악 서글피 울고 지나간다.

이상재는 또다시 서러운 울음이 북받쳐 솟는 것을 참을 수가 없었다. 새삼 나라를 잃었다는 느낌이 머리를 짓눌러 왔다. 월남 이상재는 어둑어둑한 한성 거리를 허둥지둥 정처없이 걸었다. 어디로 가야할지 갈피를 잡지 못했다. 마치 나라 잃은 조선 백성이 가야할 바가 없는 것 같았다. 허둥지둥!

속마음에 잊지 않고 간직하고 있는 신념은 일본에 대한 분노와 민족의 자유 해방을 염원하는 의지이기도 했고 바람이기도 했다. 자기도 모르게 월남 자신을 휘감고 있는 서러운 분위기를 느끼고 있었다.

〈유신회維新會〉의 정체

한편 <황성 기독교청년회>에서는 비밀회의가 열리려고 하고 있었다.

“조용히 합시다. 그 사람들이 알면 낭패니까!”

호사다마라고 엿장수 마음대로가 아니었다. 월남 이상재가 모처럼 힘을 기울여 그 매력적 청년을 위해 정성을 다하려고 마음 굳혔는데 역시 방해꾼이 나타나고 있었던 것이다. <유신회>라는 사탄의 모임이었다. 월남으로서는 마음 내키지 않았지만 일본 제국주의 아래서는 빼젓하게 공개적으로 이사회를 열 수는 없었다. 더구나 일본인과 결탁해서 조직된 소위 <유신회>를 규탄하려는 자리인 만큼 극비리에 소집했고 회의를 진행시킬 수밖에 없었다. 한국인으로 이사는 단 두 명 밖에 없었다. 뒤에 윤치호가 부회장으로 김정식 목사가 부총무로 봉사하게 되었지만 본디 <황성 기독교청년회>는 헐버트가 창립했으나 그는 미국사람이라 일본정부가 과히 좋아하지 않았으며, 영일동맹英日同盟으로 일본이 좋아하는 영국계인 캐나다 사람으로 회장을 추대한 것은 압제자 일본 정부 당국의 비위를 맞추려는 의도도 있지만 그네들의 은근한 압력도 있음을 부인할 수 없었다.

헌데 Y.M.C.A.의 임원진 가운데 김린金麟이라는 부총무가 있었다. 성실하고 하느님의 일에도 아주 헌신적이었다. 어떤 시험에 들었는지 일본인들이 만든 Y.M.C.A.의 일본인 총무 니와 지세이로오丹羽清次郎의 꼬임으로 조선의 <황성 기독교청년회>에서 중요 직책을 맡고 있는 대다수 외국인 임원들 특히 미국인들을 몰아내자는 명분을 내세워 조선의 주권을 찾자는 일견 그럴 듯한 논리에 동감해서 그 공작에 가담하기로 했다. 김린 부총무는 일본인 니와 총무와 또 뭣도 모르고 그들의 충동에 넘어간 몇몇 청년들의 도움으로 조직한 <유신회>에 들어 활동하고 있었다.

이 때 <황성 기독교청년회> 총무는 국제 Y.M.C.A.에서 파견한 질렛트리라는 영국 사람이었고 거의 <황성 기독교청년회>의 사업을 추진하는 주동자였다. 일본 정부당국은 동맹국민인 영국인이므로 그런대로 참을 수 있었으나 그것도 못마땅하였다. 니와 일본인 총무도 처음에는 그 권한을 일본인이 되찾으려는 단순한 희망에서라고만 생각했었다. 외국 선교사들도 Y.M.C.A에 대해 아직 인식이 부족한 조선사람들이 기독교 청년회의 사업이 어떠한 것인지 잘 알아차리기 위해서는 역시 훈련이 필요하다고 생각해서 아직 교육단계임으로 여겼다. 조선사람들도 대강 그렇게 생각하고 있었던 것이다. 외국인 이사들은 Y.M.C.A.를 본궤도에 올려 놓을 때까지 아무래도 자기네가 힘을 보태 도와주어야 하리라고 생각했었다.

비밀리에 소집된 이사회에서 부총무 김린을 만장일치로 제명했다. 그리고 일반회원들도 전체 총회를 열고 거기서도 이사회의 결의를 추인했다. <유신회>의 김린 등도 <황성 기독교청년회>에서 김린 부총무를 제명하는 전체회의를 연다는 것을 알고 강제로 문을 부수고 들어가려고 했으나 월남 이상재는 건장한 유도부원들로 하여금 막게 했다. 그러자 이번에는 직업적인 폭력배들을 동원하고 또 가짜 회원들을 다수 보내서 <황성 기독교청년회>의 간부들을 습격하여 폭행을 가했다. 그통에 월남 이상재는 팔이 부러졌다. 그러나 그것은 약과였다. 또 다른 보다 어려운 일이 벌어지려고 했던 것이다.

한동안은 평온한 날이

이상했다. 한동안 아무일 없이 잠잠한 날이 며칠 동안 이어져 갔다. 그런데 그게 아니었다. 폭풍전야였다. 어느날 낮에 갑자기 어떤 회원이 숨이 턱에 닿듯 달려와서,

"위원장님! 큰일났습니다! 빨리 밖에 나가 보시지요."

"무슨 일이요?"

"하여튼 나가 보시지요!"

이상재는 고개를 갸우뚱거리며 나가보자마자 전기에 감전이나 된 듯 입을 딱 벌리고 닫을 줄을 몰랐다. 중무장을 한 일본 헌병들과 경찰 수십명이 지키고 서 있는 가운데 석수장이가 청년회의 간판에서 황성이라는 두 자를 쪼아내고 있었다. 그러니까 그저 <기독교청년회>가 될 뿐이다. 그렇게 되면 지금까지 나라에서 도움 받던 한 해 1만원씩의 원조금이 끊어지게 되는 것이다. 그건 재정적으로 막대한 지장을 가져오게 된다. 운영이 거의 마비에 들어가게 되고마는 것이다. 월남 이상재로서는 이에 대해 마지막 기대는 자기가 믿는 여호와 하느님밖에 없다고

생각해서 급히 기도실로 들어가서 예수님이 겟세마네 동산에서 피눈물이 나도록 기도 드린바 처럼 그런 간곡하게 매달리는 수밖에 없다고 여겨 무릎을 꿇었다.

"우리들의 방패가 되시는 하느님 우리를 버리시나이까? 전능하신 하느님! 항상 억눌린 자를 일으켜 세우시기를 즐겨하시는 하느님 아버지! 약한 자를 불쌍히 여기시는 하느님! 무지 막심하게 당하고 있는 우리 조선의 젊은이들에게 소망을 주옵소서! 간절히 비옵니다. 우리를 죄악 속에서 구원해 주신 주 예수 그리스도의 이름으로 기도 드립니다. 아멘!"

기도를 마친 월남 이상재는 낙망 속에 갈팡질팡하는 회원들에게,

"여러분! 용기를 잃지 맙시다. 지금 저들은 제 세상을 만난 것처럼 날뛰고 있으나 조만간에 우리나라가 저들의 옥죄이는 쇠사슬에서 풀려나서 마음대로 자유롭게 하느님을 믿고 하늘나라로 가는 믿음의 길로 나아갈 것을 소망합니다!"

그러나 시련과 고난은 더욱 심해졌다.

쟁이를 길러 스스로 걷자

우리나라에서는 조선시대 500년동안 아니 그 전의 고려 때부터 또 그 이전 봉건사회가 시작되는 귀족계급과 서민계급으로 나눠질 때부터 특히 이씨왕조 시대에 이르러서는 이른바 문반

과 무반으로 짜여지는 양반과 상민 사이에는 직업도 뚜렷하게 구별되어왔다.

사 · 농 · 공 · 상에 사민이 유업하니……. 운운하여 우선 과거-그건 나라를 다스리는 벼슬길 곧 정치가가 되는 길이기도 했다-를 볼 수 있는 사람은 타고 날 때부터 이른바 양반 계급이 아니면 불가능했다. 말하자면 그런 신분제도가 확립되어 있었던 것이다. 두 계급의 중간 계급인 중인中人은 가까스로 역관-통역관-이 될 수 있을 뿐이었다. 하긴 그렇기 때문에 중국에 가서 비단 등 값비싼 물건을 사가지고 와서 돈을 많이 벌 수는 있긴 했다. 그리고 기술자는 장인-쟁이-이라고 해서 장사꾼보다는 그래도 조금은 윗층으로 대접 받았다. 실제 문명이 발달한 서양과 미국 등에서는 기술을 가지고 있으면 오히려 사람들에게 존경을 받고 있었다.

월남 이상재는 그런 낡은 생각 곧 전 근대적인 의식을 하루 속히 깨뜨려 버려야겠다고, 그것만이 우선 사회의 그릇된 관념을 직업에 대한 귀천 사상을 없애는 것이 올바른 사회로 바꾸는 빠른 길이라고 다짐했었다. 그리하여 우선 Y.M.C.A.에서 기술교육을 실시하기로 하여 재물을 모으면 황성이라는 두 글자가 강제로 좋아져서 유지에 힘들었던 기독교청년회의 재정에 조금이라도 도움이 될 것 같아 자칫하면 일석이조의 이득이 있을 것이라고 속으로는 은근히 기대하는 바가 있었다.

'여호와는 나의 목자시니 내가 부족함이 없으리로다.' 월남은 새삼 시편의 기자가 어떤 심정으로 그런 시귀를 지었는지 동감이 갔다. 정말 이런 경우를 두고 한 말 아닌가! 들에 핀 한송이 흰 나리꽃이 심지도 않고 길쌈을 하지 않아도 창조주 하느님께서 길러 주시지 않는가! 항상 감사하라! 그저 감사할 따름이었다.

월남 이상재는 Y.M.C.A.에서 새로운 시대에 알맞은 교육으로 '노동이 신성하다'는 정신을 키워주면서 앞서도 말한 바대로 황성이라는 두 글자가 떨어져 나간 뒤의 운영의 어려움을 메꾸는데 도움이 될까하고 절실히 바랬다. 실업학교를 꼭 설치해야겠다고 굳게 마음 먹었다. 실업학교 선생들은 우선 기독교 청년회의 일을 돕는다는 소망을 가지고 신이 나서 많은 기술을 학생들에 가르쳤다. 목공 기술은 더욱 뛰어나서 기독교청년회가 만든 튼튼한 가구를 학교나 병원이나 가정 등에 내다 팔았다. 불티나듯 팔렸다. 그 밖에 풍금, 등사판 기계 등을 고쳐 주기도 하였고 인쇄, 출판, 사진 촬영, 환등과 슬라이드 제작 등을 직접 할 수 있게 되었다.

평양의 조만식이, '국산을 만들어 팔되 그냥 아무렇게나 만들지 말고 누구나 사서 써야겠다는 생각이 날 정도로 아주 품질이 좋은 거야 된다.' 했듯이 월남도 그렇게 품질을 최상으로 만들도록 격려해서 Y.M.C.A.에서 만든 것은 믿음이 간다 라는 평이 돌았다. 품질이 월등하니까 더욱 많이 팔렸다.

첫째, 노동은 신성하다 라는 관념을 심어주어 직업에는 귀천이 없어 대학 교수를 하든 구두 직공을 하든 아무런 차이가 없다는 생각을 가지도록 가르쳤다.

둘째, 성경 말씀에 일하지 않는 자는 먹지도 말라 하는 식으로 기왕의 노동 천시 사상을 뿌리채 뽑도록 했다. 미국의 16대 대통령인 그 유명한 아브라함 링컨Abraham Lincoln이 대통령이 되자 어떤 상원의원이 링컨대통령을 비웃듯 자기 구두를 들어 보이며, '이것은 당신 아버지가 지어준 것이요'라고 비웃자 링컨 대통령은 빙긋이 웃으면서 '아마 구두가 튼튼할거요. 나는 내 아버지를 자랑스럽게 여깁니다. 만일 구두가 망가지면 아버지께 고쳐달라고 하지요!'라며 부끄러워 하기는 커녕 오히려 자랑스럽게 여겼다는 것이었다. 그 상원의원은 오히려 부끄러워 꽁무니를 뺐다는 것이다.

셋째, 기독교청년회에서 실업교육에 성공을 거두자 각 지방에도 실업학교가 우후죽순격으로 많이 생겼다고 한다.

월남은 또 가난해서 학교에 들어가서 정식으로 학업을 계속할 수 없는 젊은이들이 공부할 수 있는 길이 없나 하고 궁리한 끝에 낮은 피하고 밤에 글을 배우도록 하는 야학을 열기로 하였다. 그러자 낮에 노동을 하면서 집안 살림을 해야 하는 근로자들이 구름떼처럼 모여들었다.

"여러분! 여러분은 가난해서 다른 사람들처럼 낮에는 정규적으로 학교에 가서 공부를 하지 못하고 있다는 사실을 잘 알고 있습니다. 하지만 여러분들도 남부럽지 않게 공부를 하고 싶을 겝니다."

월남 이상재는 얼굴에 한 자라도 더 알고 싶어하고, 배우고 싶어하는 열의가 철철 넘쳐흐르는 야학생들의 염원이 얼굴에 나타나고 있음을 안타까이 바라보면서 격려의 말을 아끼지 않았다.

"여러분들은 우리 기독교청년회에 나오는 열성에 찬 젊은이들입니다. 이제 글도 배우고 또 기술도 배워서 일본사람 기술자들에게 못지 않은 훌륭한 기술자가 되십시오! 그것이 나라를 위하는 정성이기도 합니다!"

해방 뒤의 어떤 장관 때인가 문교부장관이 일인일기 교육을 권장한 때가 있었다 그건 순전히 그때의 월남이 Y.M.C.A.에서 실시했던 교육방침을 본 딴 것인지 모른다. 이때 야간교육을 통해 수많은 우리의 근로자들이 자기네들이 나라를 빼앗긴 조선 민족이라는 것에 대해 눈을 뜨고 왜에 대해 한층 적개심을 북돋운 것도 사실이다. 알게 모르게 민족의식을 고취도 했던 것이다. 그건 월남 이상재가 한시도 잊지 않은 뼛속에 아로새겨진 본능이기도 했다.

막걸리를 마시며

본디 사회의 명수인 월남 이상재는 수많은 집회의 사회를 도맡다시피 했는데 그의 능란한 말솜씨와 어김 없이 분위기에 맞추는 풍부한 유머가 더욱 그런 재능을 돋우었다. 일단 윤치호에게 총무직을 양보한 뒤에 월남은 주로 지방순회 강연을 많이 다녔는데 지방에 가면 그는 강연은 하지 않고 동네 노인네들과 어울려 막걸리 추념을 하며 쓸데 없는 잡담으로 시간을 보냈다. 그러면서 은근히 예수의 구원의 정신을 품겨 주었던 것이다.

한번은 말의 귀처럼 두 산부리가 우뚝 솟았다고 해서 마이산馬耳山이라 불리는 유명한 전라북도 진안鎭安에 전도강연을 간 적이 있었는데 하라는 강연은 하지않고 동네 노인들과 동네 입구의 느티나무가 서 있는 등구나무 밑에 모여 앉아 막걸리 추념을 하는 것이었다. 수행했던 전도사가,

"선생님 강연할 시간이 됐는데요!"

재촉하자 그 말에는 대답도 하지 않고

"어떻소? 올 농사는 그럭 저럭 먹고 살만 하나요?"

엉뚱한 소리만 하는 것이었다. 그리고서는,

"난 전에 공자 맹자만 따지구 서양 귀신인 하느님은 웬 도깨빈가 하구 무시하구 있었는데 그게 아닙디다. 내가 그 <독립협회> 사건으루 감옥에 쳐박혀 들어 갔을 때 누가 그랬는지 모르지만 삿자리 밑에 요한복음이라는 서양 귀신 책이 숨겨져 있었는데 심심해서 그걸 읽어 봤더니 하두 재미가 있어서 그만 예수를 믿어보려구 했지요. 헌데 거긴 우리가 사는 이 땅덩어리가 하느님이라는 신이 민들었단 거예요!"

그러자 그 마을에서 그래도 제일 어른같은 노인네가,

"그래서요?"

"그 뒤엔 나두 예수쟁이가 됐지요. 허허허."

"응- 하긴 그 눈이 파란 서양도깨비가 깨긴 깬 모양이야 몬주리 예수쟁이라믄서?"

그러자 또 다른 노인네가,

"그람 우리두 그 서양도깨빌 믿어두 괜찮지 않을랑가?"

월남은 이제 이 순진한 시골 노인네들의 마음이 동하기 시작했다고 생각이 되어 감추어 가지고 온 성경책을 내놓으면서 막걸리를 한 사발 쭉 들이 마시고,

"자아 자아. 이 책을 한 번씩 읽어보시지요!"

그렇게 전도하는 것이었다.

"그리구 우리네 조상님들에게 제살 하지말라구 하지마는 난 그렇게 생각하지 않아요. 우리가 어디서 났어요 하늘에서 뚝 떨어진것두 아니구 의당 조상님께 차렐 지나야하지 않겠어요?"

"그럼 그럼!"

그런 수법이 순수한 시골 노인네들의 정서에는 더욱 먹혀 들어갔다. 효과 백배였던 것이다. 그 얼마나 서민적인 자세인가! 여기서 월남 이상재의 참된 모습을 엿볼 수 있다.

한번은 월남이 <조선기독교청년회>에서 주최한 어떤 강연회의 사회를 보기 위해 단위에 섰는데 물끄러미 단 밑을 내려다보니 일본인 형사들이 너무 많이 앉아 있었다. 종교 집회라 너무 비위가 상했다. 그렇다고 곧 화를 버럭 낼 만큼 단순한 월남은 아니었다. 그는 한참 동안 먼 산을 멍하니 쳐다보면서 그

제국주의의 개들을 골려 줄 방도가 없는가 하고 머리를 굴렸다. 그때 마침 좋은 생각이 떠올랐다.

"지금은 꽃이 필 때도 아닌데 무슨 개. 나. 리가 이렇게 많이 피었을까?"

그 개나리라는 말을 또박 또박 떼어서 발음하자 일본인 형사들은 그 개라는 말이 자신들을 가르키는 줄 알고 슬슬 꽁무니를 빼고 하나 둘씩 사라졌다는 것이다.

<황성 기독교청년회>가 <조선기독교청년회>로 이름이 바뀌면서 재정적인 운영방법도 달라졌지만 체제도 아주 새롭게 바뀌게 되었던 것이다. 1913년에 열린 <조선기독교청년회> 정기총회에서 월남 이상재는 질렛트의 후임으로 정식으로 총무로 선출되었고, 이제 월남 이상재는 막강한 권한과 책임을 지는 실질적인 책임자인 총무가 되었다. 그러나 역시 더 큰 위기가 다가오고 있었다.

새로 태어나는 Y.M.C.A.

그러나 이제 이상재는 명실 공히 Y맨으로 태어났다. 아니 <조선기독교청년회>는 월남 이상재를 총무로 맞으면서 새로이 태어난다. 그는 Y.M.C.A.에서 일하면서 1904년부터 교육부위원장, 종교부 총무 등을 역임하면서 청년들을 키우는데 힘을 쏟았으며 동시에 나라와 겨레의 앞날을 항상 걱정했었다.

이제 총무가 되었으니 칼을 아무리 휘둘러도 뭐라고 할 사람도 없고 말릴 사람도 없었다. 하려고 했던 일을 마음껏 해야지! 우선 이 직책을 허락하신 하느님께 감사 기도를 드려야지! 기도실로 들어갔다. 전에 캄캄한 감옥에서 풀려나서 광명의 하늘 아래 놓여 났을 때 옥속에서 주님을 영접했고 새로운 삶으로 거듭나던 기쁨과 감동으로 심기일전 했는데 이번에는 62세라는 나이에 총무라는 막중한 직책까지 맡게 되었으니 어깨에 저절로 무게가 실려진다.

"전지전능하시고 무소부재하신 하느님 아버지! 보잘 것 없는 저에게 이런 막중한 직책을 주신데 대해 우선 감사의 말씀을 드립니다. 이 부족하고 죄 많은 늙은 종에게 주님의 큰 짐을 맡으라 하시니 힘은 없지만 성심을 다 하겠습니다. 성신께서 붙들어 주셔서 실수 없게 주님의 뜻에 들도록 역사해 주시옵소서! 원컨대 믿음의 조상인 아브라함에게 내리신 그 굳건한 믿음으로 오로지 하느님의 사랑 가운데 하느님의 뜻에 어긋남이 없이 걸어 가게 하시옵소서! 아부라함의 그 자신을 버린 믿음을 늙은 종에게도 은혜 주시옵소서! 지금 우리 앞에는 사나운 발톱으로 우리의 온 몸을 할퀴려는 사탄의 눈초리가 날카롭게 다가오고 있습니다.

저 다윗이 블레셋의 골리앗과 싸워서 이긴 것처럼 우리에게 힘을 주셔서 일본 제국주의의 간악한 무리를 무찌르게 하옵소서! 오로지 여호와 하느님만 의지하옵나이다. 사랑의 하느님!

이 불쌍하고 가이 없는 조선 백성을 굽어 살피시옵소서! 관용의 주 하느님! 푸르고 높은 보좌에 앉으신 영광의 창조주 하느님! 보잘 것 없는 이 늙은 종이 뼈가 가루가 되도록 우리 불쌍한 조선청년들을 위해 보다 정성을 쏟도록 역사해 주시기 바라오며 골고다의 언덕에서 우리의 붉은 죄를 씻으시려고 대신 십자가에 못 박혀 돌아가신 우리주 예수 그리스도의 이름으로 기도 드립니다! 아멘."

기도를 끝마친 월남 이상재는 새로이 짊어진 총무라는 중책을 새삼스럽게 가슴 뿌듯하게 받아들였다.

1914년 4월 2일에 경기도 개성 한영서원韓英書院에서 열린 <조선기독교청년회> 연합회는 조선 안의 10개 단체의 조직이 합쳤는데 그건 1910년에 경성 북한산 기슭에 있는 진관사津寬寺에서 모였던 불덩어리 같은 열광의 신앙집회의 연장이라고 볼 것이다.

이 때 선출된 위원은,

에비슨……………세브란스 의학전문학교 학장

언더우드…………새문안교회 목사

신흥우申興雨………배재학당장

이상재……………조선중앙 Y총무

등으로 총 15명의 위원 중 조선인이 과반수가 넘는 8명이었다. 뿐만 아니라 옥중 동지가 세 사람이나 된다는 것은 <조선기독교 청년회> 연합회야말로 그가 염원했던 <독립협회>의 근대적인 사회개혁의지도 실현할 수 있는 기회를 제공해 줄 수도 있었다. 또한 대회장에 최병헌崔炳憲 목사 부대회장에 김정식 목사가 선출되어 월남으로서는 마음껏 활동할 수 있는 무대가 펼쳐졌던 것이다. 그러니까 무슨 행사를 하던 간에 거의 조선 사람의 뜻대로 진행되게끔 되었다.

화사한 함박꽃이 활짝 피고 있었다. 마지막 날인 4월 5일에는 새로이 통과된 헌장에 따라 대회장 최병헌 목사의 사회로 일본 Y.M.C.A. 총무인 이부까 가지노스께井深梶之助의 '예수께서 천국을 관념하심', 오긍선 목사의 '예수께 복종하는 자의 능력', 홍종숙 목사의 '유년을 그리스도께 인도'라는 주제의 말씀이 정성스러이 모인 사람들의 가슴을 두들겨 깊은 감명을 주었다.

이에 월남 이상재는 설혹 검고 짙은 구름이 잔뜩 낀 찌뿌드득한 하늘이 짓누르고 있기는 하지만 그래도 칼자루를 쥔 셈이다. 마구 휘두를 수 있었다. 일본 제국주의라는 간교스럽고 음흉한 늑대가 그 구름 위에서 쏘다니고 있어도 말이다.

유별난 사회 개혁법

Y.M.C.A.의 김홍식이라는 유도부장은 장거리 선수이기도 했다. 일본 사람들은 동양의 고유 호신술인 유술을 유도라고 도道자를 부쳐 격상시키고 있었다. 검술도 역시 마찬가지로 검도라고 했다. 김홍식은 달리기를 좋아했는데 당시에는 운동복-유니

폼-을 입고 달리는 그런 점잖지 못한 운동을 나이 많은 점잖은 늙은이들은 무척 멸시했다. 그 늙은이들은 점잖은 분이 그런 쌍된 짓거리를 가르치고 권장한다고 월남에게 항의를 했다. 김홍식도 난처했다. 월남에게 폐를 끼치기도 하고 또 늙은이들이 자기가 달리는 것을 멸시한다고 불평도 늘어 놓았다.

월남은 그 케케묵은 생각을 고쳐야 한다고 생각해서 기발한 꾀를 생각해 냈다.

"김군! 자네가 아무리 빨리 달린다구 해두 전차만큼은 빠르지 못할 걸!"

"천만에요! 시합을 해보실래요?"

"좋지! 내가 서대문에서 전차를 타구 동대문으루 갈터이니 한 번 해보지!"

김홍식은 운동복을 입고 뛰기 시작했다. 월남은 전차 창문을 열고 내다보면서 응원을 하며 또 큰소리로,

"그 놈 참 잘 달린다! 옳지 옳지 더 힘을 내라!"

원체 경성 사람들은 월남 선생을 존경하던 터라 월남이 김홍식을 응원하니 그 뒤부터는 김홍식이 운동복을 입고 달려도 아무 말을 하지 않았다. 새 시대의 스포츠에 대한 인식을 깨우치는 하나의 계몽 운동이기도 하였다. 사실 아직 신식 운동인 정구-테니스-가 처음들어 왔을 때 개화된 양반님네들이 정구를 치는 사람들더러,

"에이참 왜 수고스럽게 저렇게 이리 뛰고 저리 뛰고 하면서

공을 따라가며 친담! 머슴을 시켜 뒤데하지 않고."

그렇게 빈정되는 사람도 있었다고 하였다. 그것이 자기 자신의 몸을 단련시키는 운동인데 말이다. 이렇게 월남은 새로운 시대의 체육도 먼저 깨닫고 몸소 실천했던 것이다. 참 멋지고 슬기로운 방식이 아닌가!

시찰여행에서 왜를 비꼬기도 엉뚱하게

1910년 8월 29일 <대한제국>은 군국주의 <일본제국>에게 몽땅 삼키우고 말았다. 빼앗긴 셈이다. 이른바 고종황제와 한국의 황실을 보호해 준다는 미명아래 한반도를 다스리던 4000년 역사의 유구한 왕국을 한 입에 홀짝 삼켜 버리고 말았던 것이다. 물론 이른바 <일진회>라는 친일 단체를 내세운 송병준, 이용구 등 <일본제국>의 간사한 앞잡이들이 <대한제국> 정부 안의 세속의 영리에 눈이 어두운 열렬 친일분자 이완용 등과 더러운 손을 잡고 꾸민 음모극이지만 일본 군바리들의 들이대는 서슬퍼런 총칼 앞에 심약한 전제군주 고종은 어쩔 수 없이 나라 파는 도장을 찍고야 말았던 것이다.

이에 일본의 메이지 덴노오明治天皇 무쯔히도睦仁는 "한일합방의 공신(?)들"에게 많은 금품과 작위를 하사하였다. 그 뒤 일종의 회유책이겠지만 조선의 지도급 인사들을 일본의 명승 고적과 자랑할만한 시설들을 시찰시킨다는 구실로 초청 여행을 실시한 바가 있다. 실은 자기네 <일본제국>의 막강한 무력을 자랑하려는 속셈이었지만, 그럼으로써 조선의 애국자들로 하여금 절대로 독립운동을 하지 못하도록 위협하려는 목적을 숨기고 있었다.

부산항에서 그 사이 이름만 들어 온 각 지방의 내노라하는 명사(?)들이 수 없이 인사를 하였다. 모두 월남 이상재는 알고 있었다. 그만큼 그는 조선에서는 둘도 없는 뛰어난 존경받는 지도자였던 것이다. 월남은 서조선의 이인환은 조선의 무역왕이었다. 그는 도산의 연설에 감동하여 신교육기관 <오산학교>를 세우고 남강 이승훈으로 거듭났던 것이다. 그리고 월남과는 의형제도 맺고 있었었다. 어떻든 월남 이상재는 일본인들도 한 수 높이 대했다. 접대하는 안내자는 더더욱 정중하게 대했다. 그들을 태우는 기선도 자기네 국력을 과시하는 듯 으리으리했다.

시모노세끼下關에서 상요셍山陽線이라는 동쪽으로 가는 기차를 타고 오로지 수도인 도쿄東京로 달렸다. 오른쪽으로 펼쳐지는 그들의 자랑거리인 세도나이카이瀨戶內海에는 잔잔한 물결 위에 마치 장난감 같은 섬들이 떠 있고 그 위에는 본사이盆栽에 심겨진 역시 장난감 같은 파란 소나무가 졸고 있었다. 달려가 껴안고 싶어지기도 했다.

이윽고 도쿠가와德川時代 때 장군이 사는 에도江戶로 상낀고다이를 위해 다이묘오大名 지방관장들이 줄지어 올라가던 로맨틱한 정서를 자아내던 도오카이도東海道로 접어들어 한참 가자 왼쪽 저 멀리 부채를 거꾸로 세워 놓은 듯한 일본인들이 영산이라고 숭앙하는 후지산富士山이 하늘 높이 솟아 있어 일본을 처음 찾아가는 낯선 대륙의 손님들의 눈을 놀라게 했다.

(지은이: 상낀고다이는 參勤交代라고 해서 도쿠가와 장군이 지방장관인 다이묘들이 반역을 못하도록 교대로 장군의 처소인 에도-지금의 도쿄-에 1년씩 머물러 있게 하는 제도이다.)

일본에 도착한 이국 손님들은 고급 호텔에 여장을 풀고 일본인들이 뽐내는 경관들을 돌아보고 끝으로-실은 그것이 정말 보여주려는 것이었지만-은근히 자기네 국력을 자랑하기 위한 고래 등 같은 병기창 안의 신무기들을 보여주었다. 그리고 한 사람 한 사람씩 본 소감을 말하라고 하였다. 월남 차례가 되었다. 월남 이상재는 강당에 들어가는 입구에서 한바탕 웃더니 이번에는 그 웃음을 뚝 그치고 또 통곡으로 변했다. 목 놓아 크게 소리 내어 우는 것이었다 모두 어리둥절했다. 남강이 먼저 어리둥절해서,

"월남 도대체 무슨 일이요?"

"남강! 그리고 여러분! 나는 평생 울지 않으려구 결심했지만……."

말을 끊고 강연을 들으려고 모인 조선 학생들을 빙 돌아보더니,

"오늘은 참을 수가 없구려! 이 집이 대한제국 공사관일 때에 와 보았는데 지금은 조선 유학생들을 감독하는 감시처가 되었으니 말이요!"

그러자 조선 유학생들 사이에서도 흐느낌이 새어 나왔다. 순식 간에 울음바다가 되었다. 월남 이상재는 가까스로 울음을 살라먹으며,

"오늘 여러분 청년 학생들을 만나니 만리 타국에 와서 부모 잃은 동생들을 만난 것 같아 저절로 울음이 터졌소! 용서하시구려!"

이 광경을 지켜본 신문기자들이 「뒤에 이상재 옹 드디어 울다」라고 신문에 대서특필로 보도했던 것이다.

그 뒤 그들은 세계에 자랑하는 집채만한 군함을 구경시켰다. 월남은 그 배에 오르자마자 배 갑판에 엎드려 큰 소리로 기도를 드렸다.

"주여! 저 무지한 인간들이 하느님의 한량 없는 사랑을 깨닫지 못하고 저희들끼리 죽구 죽이기 위해 이런 큰 배와 대포를 만들기에 여념이 없습니다. 철 없는 불장난을 저지르는 이 어리석음을 불쌍하게 여기시어 용서하여 주시옵소서! 저들은 자기네들이 저지르는 죄를 깨닫지 못하고 있습니다! 사랑이 많으신 여호와 하느님! 다시 한 번 간구하오니 저들의 죄를 용서하여 주시옵소서! 죄를 지어도 일곱 번의 일흔 번도 용서해주라고 하신 우리 주 예수그리스도의 이름으로 기도드립니다. 아멘!"

긴 긴 기도를 드렸다. 남강도 함께 무릎을 꿇었다. 모든 사람은 그저 어리둥절 할 뿐이었다. 월남 이상재는 다른 사람의 눈치는 아랑곳 하지 않는 사람이다. 자기가 옳다고 생각하면 그대

로 행동하는 성미.

처음에 일본에 왔을 때 일본인들이 감상을 묻자,

"여기 와서 새 어머니를 만나보니 죽은 어머니 생각이 더 간절해 집니다."

이런 대답이 마침내는 월남의 속 마음이었다.

월남 이상재가 집에 돌아와서 한동안 그럭저럭 평온한 나날을 지내는가 했지만 어느 날 갑자기 그야말로 어느 날 갑자기 날벼락이 떨어졌다. 앞이 캄캄했다. 무서운 절망의 벽이 앞을 막아섰다.

삶과 죽음의 갈림길

아내와 아들 그리고 두 후원자의 죽음

1907년 아내 유씨와 아들 승인이 잇달아 죽었다. 월남은 사랑하는 아내에게 항상 죄송스럽고 안쓰러움에 가슴 속을 태우고 있었다. 나라를 위해 집안 일을 돌볼 수 없는 애국자들은 어느 누구나 다 그렇지만 더욱이 월남같이 전 근대적인 선비의 도덕적 성격을 가진 성품의 사람들에게는 집 사정이 어떻게 돌아가는지 돌아볼 여념도 없을 뿐 아니라 그런 것은 장부답지 못하다고 생각했지만 실은 마음 속으로는 항상 죄스롭게 뉘우치고 있었던 것이다.

그런데 그런 희생 일변도적인 아내 유씨가 자기가 갚음을 할 사이도 없이 갑자기 세상을 뜨고 자기에게 항상 효도로 자기 목숨도 아끼지지 않던 아들 승인이 마저 죽었으니, 게다가 자기를 항상 감싸주고 아껴주던 두 동지이자 후언자들인 민영환과 박정양 두 분마저 자결한 지금 월남 이상재는 더 이상 살아갈 의욕이 전혀 없어졌다. 그리하여 자기의 어두운 앞날에 절망하여 아예 세상을 버릴려고 단단히 마음 먹었던 것이다. 더욱이 아내가 뜨자 깊은 슬픔에 잠겼다.

悼 亡室
죽은 아내를 애달파함

捨吾寧忍遽歸天　　喫苦嘗辛十八年
生死人間是如夢　　欲忘其奈夜無眠
나를 버리고 어찌 갑자기 하늘로 돌아갔는가
고생하면서 지난날이 十八년이 되었네
살고 죽는 것은 인간사의 한낱 꿈인데
잊으려 해도 밤에 잠을 못 이루는고

보통사람으로서는 가슴이 찢어지는 듯한 슬픔이 아닐 수 없었다. 아무리 외유내강한 월남도 창자를 끊는 듯한 괴로움을 배겨낼 수가 없었다. 또한 아들 승인의 죽음은 참을 수가 없었다. 예로부터 아버지보다 먼저 세상을 뜨는 것을 불효자라고 했다. 아들을 먼저 앞세우는 것은 더더욱 슬픈 일이라고 전해 내려

온다. 그것보다도 남편과 아버지로서의 마땅한 책무 곧 사랑을 주지 못한 지난날을 돌이켜 보아 뉘우침이 아주 컸다. 죄책감이 송곳처럼 가슴을 찔러 왔지만 다만 실감 있게 느끼지를 못했을 뿐이었다.

월남은 대범한 성품이었다. 그러나 살과 피를 가진 살아 있는 육친으로서 역시 비수처럼 날카로운 칼날이 살점을 저미는 듯한 아픔을 어쩌지 못했다. 밤에 잠이 드는가 하면 어디선가 흉측하기 짝이 없는 괴물에 목을 졸리는 꿈에 가위 눌리곤 했다. 어지간해서는 놀래지도 않고 심지도 굳은 월남도 소스라쳐 갑자기 눈을 뜨곤 하였는데, 그럴 때에는 식은 땀에 옷이 흠뻑 젖어 쓴 웃음을 흘리곤 하였다. 그런가 하면 어떤 때에는 난생처음 보는 아리따운 새 아가씨가 손을 덥석 잡고 어디론가로 으슥한 곳으로 끌고 가는 것이었다. 뻔한 짓이었다. 어른스럽지도 못하게 별 도깨비에 홀린거나 아닌가 하고 자신을 비웃었다.

이제 조정 안에서 앞장서 이끌어 줄 것으로 굳게 믿고 있던 민영환 대감이 을사보호조약이라는 간적 <일본제국>이 명분도 없이 <대한제국>의 외교권을 늑탈한데 분함을 이기지 못해 자결했으며 평생의 지기이며 후원자였던 박정양 참정대신-지금의 내각총리대신-도 몇 번씩 외교권을 빼앗으려는 왜적의 간계를 반대한 상소를 올렸는데도 아무런 대책이 없자 분사하였던 것이다.

이제 월남으로서는 더 살아야 할 뜻이 없어졌던 것이다. 남

모르게 사라지는 것만이 남은 인생으로서의 의무라고 여겨졌다. 참으로 허망했지만 별로 헛된 인생은 아니었다고 만족했다. 다만 민족과 나라와 백성들을 위해 좀 더 보람 있게 개혁을 추진하지 못한 것이 아쉬우면 아쉬웠다. 월남 이상재는 아무도 모르게 신변을 정리하고 고향 한산에 내려가서 선형에 인사를 드리고 조용히 이 세상을 하직하려고 마음먹었다.

헌데 월남의 눈치가 약간 수상하자 Y.M.C.A.의 가까운 동지들은 그가 무슨 큰 일을 저지를 것 같아 걱정이 돼서 그의 일거수 일투족을 주시하고 경계를 늦추지 않았다. 더욱이 Y.M.C.A.의 총무였던 질레트Gillet와 브로크만F. M. Brockmann 등이 특별히 주의를 기울였다. 조선인 총무이며 옥중 동지인 김정식 목사는,

"월남! 딴 마음을 먹으면 안됩니다. 성경 말씀에도 스스로 목숨을 끊는 것도 살인죄를 짓는 거라고 했소! 우리 예수교인들은 하느님의 계명을 어길 수는 없지 않소!"

월남 이상재는 깊은 회의에 빠졌다. 월남의 내부에서 다른 두 넋이 아니 계명의 엄숙함과 사탄의 달콤한 속삭임은 혈투를 벌인 끝에 하느님의 계명이 기어코 이기고야 만 것이다. 가슴이 시원했다. 결국 인간 속성과의 싸움에서 하늘의 영성이 승전고를 울린 것이다.

다시 태어난 이상재는
나라 찾는 일에 또 뛰어들게 된다

아우성치는 백성과 월남

기미년 삼월일일 정오
터지자 밀물 같은 대한독립만세
태극기 곳곳마다 삼천만이 하나로
이 날이 우리의 의요 생명이요 교훈이다.

한강은 다시 흐르고
백두산이 높았다.
선렬아 이 나라를 보소서
동포야 이 날을 길이 빛내자

<삼일절>을 기려서 온 국민이 소리 높이 외쳐 부르라는 이 노래는 위당 정인보가 노랫말을 지었고 박태현이 작곡한 것으로 세계에 흩어져 살고 있는 우리 백의민족이 3・1절을 기려 모두 모여 함께 손에 손을 맞잡고 어깨를 둥실거리며 즐거워한다. 민족의 큰 기쁨인 것이다. 월남 이상재는 군국주의 <일본제국>에 있어서 가장 껄끄러운 불령선인이다. 그가 믿는 성경에서 가르치는 눈 속의 가시가 아니고 대들보였다. 따라서 온 겨레가 일어난 저 <3・1독립만세 사건>에 팔짱을 끼고 가만 있을 리는 없었으리라고 생각한다. 물론 그 만세사건은 태화관 종로 지점에서 민족대표 33인-그 중 사정에 의해 참석치 못한 사람도 있었지만-이 독립선언서를 발표할 때까지 극비에 부쳐졌으니 아무리 정보가 빠르고 악착 같은 코를 가지고 있는 사냥개들인 일본 경찰들도 남강의 주동으로 무섭게 숨겨 가면서 조심스럽게 비밀리에 일을 진행시킨 33인의 서명까지의 사실은 알아차리지 못했던 것이다.

월남은 큰 인물이라 우선은 남겨 두었다가 다음 기회에 나서주길 바랬던 것인지도 모른다. 그보다도 실은 그토록 존경했던 고종황제가 붕서했으므로 경황이 없었을는지 모른다. 1919년 3월 1일 세상도 놀랬다. 조선의 하늘도 땅도 울었다. 손에 손에 태극기를 뒤흔들며 거리와 농촌과 두메 산골을 사람들의 물결로 메웠던 것이다.

"대한독립만세!"

"대한독립만세!"

하늘로 치솟는 그야말로 벼락같은 우뢰질이었다. 목이 터지라 외치는 내뿜는 분노의 불길이었다. 근 십년동안 짓눌려 숨도 크게 쉬지 못하고 살아온 억울한 착한 백성의 울부짖음이 내뿜는 활화산이었다. 굳고 굳은 땅을 비집고 나오려는 새싹의 몸부림이었다. 생명의 부르짖음이었다. 헌데 월남 이상재는 그 33인에도 끼지 않았으며 철저히 감시했는데도 별다른 움직임이 보이지 않았다. 그야 일본의 개들-경찰-이 그 지독하게 갈고 간 사냥개 같은 코를 벌름거리며 냄새를 맡았지만 수상한 점은 바이 없었다. 그런데 그 엄청난 사건이 터졌던 것이다.

왜의 눈으로 봐서 월남 이상재는 불령선인으로 둘째가라면 서러워할 두목의 한 사람인데도 말이다. 참 이상했다. 잠자코 있을 리가 없는 데도 말이다. 이번 조선 민족의 총궐기는 천도교의 고우 최린古友 崔麟, 기독교측의 남강 이승훈南岡 李昇薰이 주동이 되었고 뒤에 불교측으로 한용운韓龍雲이 가담했는데 고당 조만식의 고향인 모래내에서는 아주 격렬한 항쟁이 있었으며 수원 제암리提岩里에서는 마을 사람 모두를 교회당에 몰아넣고 불을 질러 몰살시키는 참변까지 있었다.-물론 그 뒤에 일본인 사죄단이 찾아와서 위령제를 지내준 바도 있지만-

이때 시위에 참가한 인원수가 2백여 만명에 달했고 희생된 애국자만도 유관순柳寬順 열사를 비롯해서 7천여 명이고 남강 이승훈이 제일 마지막에 석방되기까지 4만 6천명이나 옥에 간

혔었다. 헌데 같은 기독교 신자이면서 예수교의 지도급 인사인 월남 이상재가 간여치 않았다는 것이 도저히 믿어지지 않는다고 생각하여 그가 독립만세 사건을 뒤에서 부추겼다는 억지 구실을 부쳐 일단 그를 잡아다가 가두었다. 월남을 취조하는 검사는 가미우찌上內라는 자로 그는 날카로운 눈매의 악독한 생김새였다. 그가 아무리 구슬르고 얼러도 월남이 좀체로 입을 열려고 하지 않으므로 눈을 부라리며 호통을 쳤다.

"영감 말을 하지 않을텐가?"

"옳지 너희 왜들은 자기 부모들도 치는 무지막지한 놈이라면서! 어디 늙은 나를 치려거든 쳐봐! 네 나이 내 아들 또래니까!"

월남이 뺨을 내댔다. 가미우찌 검사는 들었던 손을 슬그머니 내렸다. 고향에 있는 자기 아버지도 월남과 비슷한 나이였다. 차마 뺨을 갈길 수는 없었던 것이다.

"그러니까 젊잖게 물을 때 대답을 하시지 않구! 이번 소요는 누가 먼저 시작했지?"

"삼천만 민족이 모두가 했다!"

가미우찌 검사는 한동안 월남을 물끄러미 쳐다보다가,

"그대가 지시하지 않았는가?"

"그렇다!"

그러자 가미우찌 검사는 회심의 미소를 번져내며,

"그럴 줄 알았다!"

"나두 그 한 사람이다! 핫핫핫. 배꼽이 웃는다!"

"좋다. 그럼 <오산학교>를 세웠다는 이인환을 아는가?"

"물론 잘 안다. 아마 조선 사람치고 그 사람을 모르는 이는 없을 것이다!"

"이번에 몇 번 만났는가?"

"한번도 못 만났다. 만날 이유가 없지 않은가!?"

"함께 일을 꾸미지 않았는가?"

"유도심문인가? 독립운동은 결국 혼자 하는게 아닌가!"

"배후를 대라!"

"꼭 말을 해야겠는가!"

"진작 말할 것이지!"

"정말 알구 싶은가?"

"말하겠는가?"

검사더러 귀를 가까이 가져오라고 손짓하고서

"비밀인데……."

"빨리 말하시오!"

월남 이상재의 머리에 떠오르는 이름이 있었다. 독립만세 운동을 추진하는 사람들이 이완용을 찾아가서 후원금을 좀 내라고 하였더니,

"나는 모든 조선인이 자기를 매국노라고 미워하는데 돈마저 없으면 죽은 거나 마찬가진데 어떻게 살겠느냐."

한푼도 낼 수 없다고 했다는 말을 들은 바가 있었다. 그래서 골탕을 좀 먹이고 싶어서 이완용을 배후라고 했던 것이다. 아주

은밀하게,

"배후는 바로 후작侯爵 이완용李完用이다!"

"뭐어?"

"나라를 팔아 먹은 것을 뉘우쳐 속죄한다구 나라를 다시 찾겠다구 독립선언 사건을 꾸몄다."

"그게 정말인가? 에이 농담마라 그럴리가 있나! 실토해라!"

"허허허……. 너희들 2만명이나 되는 경찰과 헌병들과 밀정들이 전국에 거미줄처럼 깔려 있으면서 그래 독립운동이 진행되고 있다는 것을 몰랐다니! 모두 까막눈이었던 모양이지! 허허허……."

"뭐야? 누굴 놀리는가!"

"왜 자꾸 귀찮게 구는가! 흑막을 알려구 하지 않았는가! 내 대답은 그것 뿐이다. 더 묻지 말라!"

그리고서는 정말 귀찮다는 듯이 눈을 감고 입을 꼭 다물었다. 가미우찌 검사도 더는 묻지 않았다. 월남 이상재도 기소 당했다. 물론 별로 혐의는 없었다. 재판장도 월남을 석방해주고 싶었다.

"나가고 싶은가!"

"나가라문 나가구 있으라문 있구 별 생각은 없다!"

"그렇다면 보석금 3백원을 낼 수 있는가?"

"나는 가난한 사람이다. 푼돈도 없다!"

월남이 잠시 망설이고 있으니까 재판장이,

"그대가 윤치호와 친하다고 하니 그에게 보석금을 내달고 하면……."

"내 한몸이 편하려구 남에게 구걸하는 건 싫소!"

그러자 재판장이 몰래 윤치호에게 돈을 가져오게 해서 이상재를 석방시켰던 것이다. 그 뒤 어느 날이었다. 검사 가미우찌가 월남을 찾아갔다. 그는 느닷없이 월남에게 아주 부드럽게,

"월남 선생! 일한합병이 되고 나서 조선의 문물이 많이 발전되지 않았습니까? 이대로 간다면 조선은 더 발전할 것이 틀림없는데 왜 독립운동을 하려는 겁니까?"

가미우찌의 말을 묵묵히 듣고 있던 월남 이상재는 한 팔을 천천히 앞으로 내밀었다. 그리고는 검사더러 역시 같이 하라고 하였다. 검사는 기분이 약간 상했지만 월남이 나이도 많고 해서 그냥 꾹 참고 따라했다. 이번에는 또 자기 손바닥을 펴서 그 손 위에 겹치라는 것이다. 그대로 따랐다. 이번에는 손바닥을 떼라고 했다. 역시 그렇게 했다.

"보시오. 무엇이든지 한 번 붙으면 떨어지는 법이오. 한일합방도 이와 같소!"

이상재는 마치 학생을 가르치는 훈장처럼 엄숙히 말했다. 검사는 그 위엄스런 모습에 압도당해서 아무말도 하지않고 초조하게 그냥 돌아갔던 것이다. 이토록 내 편이건 적이건 간에 인생의 도리를 가르치면서 우리 청년들에게는 피압박 민족으로서의 생활자세를 일러 가면서 실력을 배양했던 것이다. 3·1운동의 서슬 퍼렇던 소용돌이 속에서 끝까지 침착성을 잃지 않은

거인의 모습에서 후학들은 자기도 모르게 배우는 바가 있을 것이다.

갑작스런 고종황제의 붕서崩逝

원통하고 분했다. 그렇게 갑작스럽게 돌아가시다니! 별로 아프시다는 소식을 못 들었는데! 월남의 직감으로는 필시 왜놈들의 장난임이 틀림없었다. 명성황후를 참살한 일본놈들이라 역시 눈에가시라고 보아온 고종을 독살하는 것쯤 식은 죽 먹기였을게다. 임금님의 수라-잡수시는 음식-는 본디 내시나 궁녀들이 먼저 먹어 보고 또는 은銀-독이 들어 있으면 색깔이 변하므로 곧 알아차릴 수 있다-수저를 음식에 넣어본다. 헌데 요즘 고종임금-은퇴해서 태황제로 일컬어지고 있었다-은 새로 들어온 서양 차 커피를 즐기고 계셨던 것이므로 차마 그 찻잔을 먼저 마셔 볼 수는 없었을 것으로 여겨졌다. 그러기 때문에 심부름하는 궁녀에게 그것이 보약이라고 속여 조금 넣도록 공작을 했으면 쉽게 독살할 수 있었을 것이다.

실제로 뒤에 일본인들이 고종을 독살했다고 공공연하게 소문이 돌기도 했던 것이고, 지금도 조선의 백성들은 백이면 백 모두 그렇게 생각하고 있다. 사실 그게 진실인지도 모른다. 그리하여 월남은 흐르는 눈물을 주체하지 못하고 상여를 따라 청량리를 지나 평민들의 북망산北邙山인 망우리忘憂里 고개를 넘어 춘천가도春川街道를 동쪽으로 동쪽으로 느릿느릿 가기 싫은 걸음으로 상두꾼의 구슬픈 노랫 소리에 이끌려 마침내 금곡金谷의 홍능洪陵에 다달았던 것이다. 그 동안 월남은 아마 눈물섬이나 쏟았을 것이다.

輓 高宗 太皇帝

慟哭又慟哭 胡忍見此時
山河依舊態 草木亦含悲

雲鄕仙馭遠 不盡於戱思
薄海方盪潏 乾坤忽傾欹

愛戴餘四記 骨澤洽淪肌
彼蒼曷有極 滄桑萬事移

窮山餘遐滋 髻白血淚滋
龍循遵禮古 卟卜奉訓遺

金谷雲渺渺 青門日遲遲
仍將千古恨 敢進一篇詞

통곡하고 또 통곡하니
차마 이때를 보오리까!
산과 들은 옛자태 그대로 인데
풀과 나무도 슬픔을 먹었습니다
산릉-금곡능-으로 신선 수레 멀리 가니
이 슬픈 마음 끝이 없나이다.
바닷물도 바야흐로 끓어 넘치고
하늘과 땅도 갑자기 기울어집니다.
살아계신 동안 48년인데
모든 은택이 흡족했습니다.
저 하늘이 어찌 이다지 심한건지
세상의 만가지 일 바뀌었습니다.
깊은 산과 먼 물가에서
늙은 머리 풀고 피 눈물에 젔습니다.
상여는 옛 예법대로 모시옵고
장례는 말씀대로 받드나이다.
금곡의 구름도 아득하고
청문靑門의 해도 더디옵니다.
이 천고의 한을 가지고
감히 한 편의 글을 드리나이다.

(지은이: 월남 이상재는 대한제국과 고종 임금에게 무한한 충성심

을 가지고 있었으며, 고종 임금 또한 월남을 전폭적으로 믿고 아끼던 신하였기 때문에 고종의 승하-임금의 죽음-는 월남에게는 가슴 한귀퉁이가 떨어져 나가는 듯한 슬픔이었을 것이다.)

월남은 그런 경황 속에서 3·1독립만세 운동에도 적극적일 수가 없었을런지도 모른다. 그렇더라도 그가 결코 독립만세 운동에 전혀 무관심할 수는 없었을 것이다.

미행을 따돌리고

아무래도 이상했다. 그건 느낌 뿐이 아니었다. 뒤를 돌아다 보았으나 역시 아무도 보이지 않았다. 그래서 조금 비겁하기는 했지만, 그리고 그런 짓은 월남의 성미에도 맞지 않았지만 집 모퉁이에 숨어서 몰래 뒤돌아 보았더니 확실히 수상한 자가 두리번거리며 누군가를 찾고 있었다. 확실히 자기를 뒤쫓아 오던 그 수상한 미행자였음에 틀림없었다. 역시 월남은 자기 직감을 확인할 수 있었다.

이때 태화관 종로지점에서는 비밀리에 민족대표자들이 모여서 독립청원서의 공식낭독회를 열고자 준비하고 있었고, 그 옆 병실 6호실에서는 6인의 건장한 청년들이 숨어서 지키고 있는 가운데 그런 사실을 기록에 남기려고 기록을 하고 있었던 것이다. 그럴 즈음에 재동 월남네 우거에는 일본 헌병들과 경찰들이 삼엄한 차림으로 집을 에워싸고 문을 두드리고 구둣발로 들이닥쳤다.

"이상재 썩 나와서 오라를 받으라."

월남은 갑자기 들이닥친 왜 헌병들의 고함소리에도 눈하나 까딱하지 않고 그대로 앉았을 뿐이다. 이미 요시찰인인 자기는 이 시국에는 틀림없이 끌려갈 것이라고 체념하고 있었던 것이다. 왜놈들의 감옥에는 들어가지 않는 것이 오히려 욕된 것임을 달갑게 여기고 있었던 것이다. 더욱이 전 국민이 독립을 외칠 것이 뻔한 이 때 말이다. 월남 이상재가 잡혀 들어가지 않는다면 그야말로 친일파가 아니겠는가! 월남은 천천히 벽에 걸린 두루마기를 벗기면서,

"내 의형제 남강은 어떻게 됐소?"

"그자야 이번 소란에 주동자니까 아마 사형은 면치 못할거요."

"과연 남강이로군!"

"예에?"

"항상 죽을 자리를 기다리더니 소원을 이루었군!"

"……."

"자아 준비되었으니 갑시다."

3월 3일 월남은 서대문형무소에 수감되었다. 3·1운동이 일어난 이틀 뒤였다. 고종의 매장이 끝나기를 기다려서 연행했던 것이다. 그것은 그래도 고종과 월남이 가까웠던 것을 보아 주어서 취한 조치였던 것이다. 그래도 그만한 정상은 참작해서였다.

헌데 감옥 안에서도 바깥 세상 소식은 어떤 경로를 통해서든지 대강은 알려져서 이번 거사는 종교계가 주동이었다고 했다. 따라서 천도교의 최린, 기독교의 이인환, 불교의 한용운 등이 주동자인데 아무래도 이인환 곧 이승훈이 모든 일을 이끌었음이 드러난 것 같았다. 그래서 <오산학교>가 가장 주목을 받고 있었다고 추측이 되었다.

월남은 형무소의 철창 사이로 새어 들어오는 싸늘한 달빛을 향해 속삭였다. 큰 소리로 외치고 싶었지만 그럴만한 자유는 없는 것이 한스러웠다. 그건 식민지 백성의 숙명인 것을……. 그래서 자유독립을 되찾으려고 싸우는 것이 아니었던가! 이번 3·1 독립만세 운동도 마침내는 그 외침이었지 않나! 자기가 붙들려 들어온 것도 그렇고 문득 조선인 기무라木村 형사가 머리에 떠올랐다.

"그렇지! 감옥에 들어와서 내가 할 일은 그 사람의 양심을 되살리도록 해 봐야지. 그것도 하나의 독립운동이잖나. 어느 곳에서나 어느 때나 항상 나라를 위한 마음가짐을 잊어서는 안되지……. 그래 기무라 형사를 좀 불러달라고 해야지."

월남은 큰 소리로 간수를 불렀다. 간수가 달려왔다.

"미안하지만 기무라 형사를 좀 만나게 해줄 수 없나?"

"왜요?"

"내 긴히 부탁할 게 있어서 그러네."

상부에서 월남은 특별히 대해주라고 명령이 하달되었다는

것을 월남도 알고 있었다. 곧 조선인 형사 기무라가 달려왔다.

"기무라 군! 자네는 조선인으로 이번 사태를 어떻게 보고 있나?"

"……."

"파고다 공원에서 수많은 청년 학생들이 거리를 누비면서 대한독립만세를 외치는 걸 자네는 묵도했지?"

"예에."

"그래 감상이 어땠지?"

"……."

"왜, 할 말이 없나?"

기무라는 설혹 목에 풀칠을 하려고 또 하찮은 세속적인 출세를 위해 일본 놈들의 밑에서 앞잡이 노릇을 하고는 있지만 조상 대대로 이어온 자기 몸속에 흐르고 있는 백의민족의 피의 속삭임이 눈뜨기 시작했다. 월남의 형형한 눈빛보다 인자스런 입가의 미소에 가슴이 슬슬 녹아든 것이다.

"선생님 이제 깨달았습니다. 저도 조선의 피를 타고 났다는 것을 뉘우쳤습니다. 선생님 어떻게 하면 좋겠습니까?"

"옥에 갇힌 지도자들 앞에서 잘못을 자백하시오. 아마 용서하실거요."

"고맙습니다. 월남 선생님."

이번에는 또 다른 방법의 항일운동

국채 보상금을 무엇에 쓰지?

남강은 부리나케 재동으로 월남을 찾아갔다. 이번에는 좌옹 윤치호佐翁 尹致昊와 동반이었다. 남강의 얼굴에는 긴장감이 서려 있었다. 월남은 갑작스런 남강의 방문에 저윽히 놀랬다. 남강은 불과 며칠 전에 다녀갔으니 말이다. 뜰의 늙은 소나무에 비스듬히 기대어 3・1독립만세 운동의 실패한 원인을 따져보고 있던 차에 대문을 불쑥 열고 들어오는 낯익은 손님들의 방문에 반갑기도 하고 놀랍기도 했던 것이다. 그렇잖아도 좌옹 윤치호를 찾아가서 차후에 자기가 어떻게 할 것인가를 의논하려는 판이었다. 그런데 마침 두 사람이 찾아왔던 것이다.

"아니 어떻게들 된 일이오?"

“월남 어디 나가지나 않았나하고 걱정하구 있었는데 마침 있었군!”

“……?”

“좌옹도 집에 있어서 함께 왔디만 우리 가만 있을 수는 없디 않가서 만세운동도 그렇게 됐구 설라무니 또 무슨 일을 저질르야디 않가서…….”

“…….”

남강은 잠시도 가만 있을 수 없는 성미라는 걸 잘들 알고 있었으니까 좌옹도 월남도 나라 찾는 일에 무언가 눈에 띄는 일을 서둘러야 할 것으로 생각들을 하고는 있었던 것이다. 남강은 더는 참을 수 없다는 듯,

“데 무사니 그거 와 있디 않아 돈, 돈 말이야. 국채보상금으로 모은 돈 그 돈 이제 갚디 않아두 된다문서? 그러니까니 그 돈을 낸 사람들에게 돌려 줘야 해?”

“그래요 돌려줘야 되갔지만 일일이 돌려주자니 그것도 어간 까다롭지 않구 또 돈을 낸 사람들이 기왕 나라를 위해 한 번 냈던 돈을 돌려 받을려구 할지두 모르구 그래서 말인데…….”

“그래 모금위원들은 어드릏게 생각들 하구 있디요?”

“의견이 분분하지요!”

“어드릏게요?”

“전 국민에게 도움이 될만한 일을 하문 어떻겠느냐는 거지요!”

남강과 좌옹이 서로 주고 받는 이야기를 가만히 듣고만 있던

월남이 서서히 입을 뗀다.

"좋은 수가 있기는 한데……."

"……."

"우리 민간의 대학을 세우면 어떻겠소?"

"민립대학?"

좌옹이 뜻 밖의 의견을 묻는다. 남강이 선뜻 찬성하고 나선다.

"그거 참 돟은 생각이오! 내레 와 그런 생각을 못했을까! 그렇디. 그렇게 하문 공식덕으로두 백성들에게 내놓구 계몽운동두 하구 정말 돟은 생각이오 두 분! 정말 머리가 돟군!"

"참 남강도 그건 내가 <독립협회>를 할 때부터 마음 속 깊이 새기구 새기던 뜻일 뿐이오."

"정말 좌옹의 높은 식견을 새삼 존경하오!"

"좋습니다. 우리 그럼 그 안을 정식으로 국채청산위원회에 붙입시다. 아마 반대하는 사람이 없을 겁니다. 반대하면 역적인데."

"그럼 그건 좌옹의 의견으로 해서 청산위원회에 정식 제안키로 하지요."

"좋소 그렇게 합세다."

"다만 오늘밤 모임은 비밀에 붙입시다. 공연한 모함을 받을 수 있으니까."

"그릅세다레 까딕."

남강도 흡족한 기분으로 고향 정주로 내려갔다.

"아니 웬일이요?"

느닷없는 좌옹 윤치호의 방문에 월남 이상재는 그 연유를 묻지 않을 수 없었다.

"월남 선생도 알고 계시지만 이번 중국 상해에서 열리는 <극동 기독교 청년대회>에 월남이 대신 좀 가 주셔야겠소."

"왜요?"

"내 갑자기 피치 못할 일이 생겨서 말이오."

"하지만 이번 대회는 각 국의 대표자들만이 모이게 되어 있지 않소?"

"그래서 무슨 일이 있어도 내가 꼭 참석하려고 했었는데 미국 선교회에서 급히 만나자고 전보가 와서 곧 미국으로 가 봐야 하겠으니 말이요!"

"예에, 그럼 어쩔 수 없지요 나래도 대신 가야죠."

월남 이상재는 좌옹이 실없는 사람이 아님을 잘 알고 있는 처지라 두 말 없이 간단한 여장을 차렸다. 여장이라야 호텔에서 갈아 입을 잠옷과 속옷 두어가지 정도였지만 손가방을 어디 두었는지 몰라서 여기저기 찾아보았다. 간신히 장롱 안에 있다는 것이 생각나서 끄집어 내어 간단히 챙겼다. 좌옹은 조용히 일어서면서,

"그럼 난 또 가서 미국으로 떠날 차비를 해야겠으니 그럼!"

"그리고 참 국채보상금의 용도에 대해서는 남강 선생과 의논해서 방법을 몇 가지 마련해 주시구려!"

"그러리다."

그 뒤 월남은 정기선 항로로 중국 상해로 갔다. 뜻하지 않게 부두에는 <대한민국임시정부>의 내무총장으로 있다고 들은 도산 안창호와 몇몇 요인들이 마중 나와 있었다. 월남은 <독립협회> 때 관서關西지방 출신으로 웅변의 천재로 기억되는 그리고 미주美洲에 건너갔다가 다시 귀국해서 무언가 지하 정치단체를 조직하고 활동하다가 1910년의 한일합방 전에 다시 미국으로 망명했다던 그 안창호가 소문으로 듣고 있었지만 뜻밖에 모습을 나타내리라고는 미처 생각하지 못했었다.

하여튼 반가운 일이 아닐 수 없었다.

"아니 도산 분명 아호가 도산이랬지요. 어쩐 일이시오?"

"좌옹 선생께서 오신다기에 마중 나왔습니다만 뜻밖에 월남 선생님이 오셨으니 더욱 반갑습니다. 차라리 잘 됐습니다."

"……?"

"소개하지요 이 분은 우리 정부의 재무차장으로 계시는 윤현진尹顯振 동지 이분은 내무차장으로 나와 같이 일하고 있는 신익희申翼熙 동지……."

"나 월남 이상재요. 수고들 하십니다. 실은 좌옹이 오시기로 돼 있었으나 이번에 뜻밖에 윤 회장께서 갑자기 미주로 가실 일이 생겨서 불초 내가 대신으로 대회에 참가하게 되어 이렇게 벼락 감투를 썼소. 허허허……."

도산이 성큼 나서며 월남의 손을 꽉 잡으며,

"차라리 잘 되었습니다. 그렇찮아도 일부러 고국에 사람을 보내 월남 선생께서 지금 공석인 우리 <대한민국임시정부> 대통령자리를 맡아 주십사고 간청할 작정이었습니다."

"뭐요?"

한참 있다가 역시 이제부터의 자기의 사명은 믿음의 일을 해야할 것임을 다짐한 듯,

"허허허. 나를 그렇게 대접해 주시는 것은 고맙쉐다만 나는 역시 이제부터는 청년들을 주님의 길로 인도하는 일에 내 보잘 것 없는 목숨을 바치는 것이 좋을 듯하오. 그 요청은 사양해야겠소. 용서하십시오."

도산은 갑자기 휘청하고 쓰러지는 것 같았다. 모든 <임정> 요인들은 어깨 죽지에서 힘이 빠져 축 늘어지는 느낌이었다. 한가닥 희망에 부풀었던 가슴에서 공기가 쏙 빠져나가 텅 비는 것 같았다. 절망이 엄습해왔다. 그래도 도산의 사전에는 절망이란 글자는 없었다.

"선생님의 뜻은 잘 알겠습니다."

도산은 물끄러미 월남을 지켜보다가,

"하여튼 오늘 저녁 객사에서 아무 생각마시고 푹 주무십시오. 짐을 주십시오 가져다 드리겠습니다."

짐을 객사까지 들어다 드리고 떠나면서,

"그럼 편히 주무십시오. 내일 아침 다시 찾아뵙겠습니다."

상해 푸링스 조계안에 있는 보창로寶昌路의 <대한민국임시정부>의 청사로 가는 골목길로 접어 들어서면서 윤현진 차장은 그동안 억지로 참고 있었던 말을 쏟아 놓는다.

"도산 선생! 이제 어떻게 하지요? 월남 선생님 웬만해서는 대통령직을 맡아 주시지 않을 것 같은데……."

"윤 동지. 그분 그렇게 녹록하진 않아요. 하지만 계속 설득하면 뜻을 꺾을 수도 있을지 모르오!"

"그러면 얼마나 좋겠어요."

다른 요인들도 같은 생각들을 가지고 묵묵히 내무총장인 도산을 뒤쫓아 임시정부청사로 돌아가고 있었다. 이튿날 일찍이 새벽같이 도산은 체면 불구하고 월남의 숙사를 찾았다.

"허어 도산 내 언제 실없는 말을 합디까! 한 번 못한다면 그만이지. 골백번 졸라도 쓸데 없다니까."

"글쎄. 그렇기는 하디만 이승만 박사가 그만 동지들의 비위를 거슬리는 말을 하고 미국으로 가버리고 나서 지금 목자 없는 양떼 같아서 갈팡질팡하고 있으니까니 하도 답답해서 부탁드리는 겁니다. 목자 없는 양떼가 어떻다는 것은 선생님도 잘 아시고 계시지 않습니까. 우리 같은 예수교 신자니까."

"도산 지금 나는 고국에 돌아가서 청년들의 교육사업에 힘을 쏟아야할 중대한 사명을 가지고 있쉐다. 남강이 목을 빼고 기다리고 있소. 나는 허명은 싫소. 나라를 잃고 아무 희망 없이 갈팡질팡 헤매고 있는 우리 수많은 청년들 그들에게 나라를 빨리 찾아줘야하지 않겠소? 마침 나는 <기독교청년회>라는 데 내 남은 정열을 쏟을 좋은 일이 고국에서 기다리고 있소. 이건 창조주 하느님이 내게 주신 사명이오. 도산은 <임시정부>의 내무총장이니 우리나라를 찾는데 힘을 기울이시오. 나는 묵묵히 청년들을 올바른 길로 인도하는데 여생을 바칠 작정이오. 용서하십시오."

도산은 같은 기독교 신자로서 더 할 말이 없었다. 그 전에 남강한테 그런 얘기를 들은 적이 있었다. 주기철 목사에게 <오산학교>를 맡아 달라고 했을 때,

"남강 선생님! 저를 아껴 주시는 뜻은 고맙습니다만 전 주님의 종이니까 주님의 일을 하다가 한평생을 마치겠습니다."

그러자 남강도 다시는 아무 말을 하지 못했다는 것이었다. 도산이 그런 말을 상기하자 역시 월남의 뜻을 어길 수는 없었다. 단념하는 수밖에. 월남은 이제 세속의 명리 따위는 저버린지가 이미 오래되었던 것으로 생각되었다. 사실 민립대학이라는 남강과의 약속한 시급한 사업이 고국에서 기다리고 있는 것이 아닌가,

항일은 실력배양으로

민립대학民立大學을 세우자

교육입국이라는 말이 있다. 실력을 길러서 잃었던 나라를 다시 찾으려는 피나는 애국지도자들의 몸부림은 이어진다. 월남 이상재가 그 대표적인 선봉장이다. 일찍이 도산 안창호가 우리나라 백성이 빼앗긴 나라를 다시 찾고 또 그 나라를 새로이 세우는 데 있어서는 우선 남들에게 뒤떨어지지 않는 실력을 갖추어야 한다고 힘주어 말한 적이 있다.

평안남도 평양에 대성학교大成學校를 세웠고 또 이인환-뒤의 남강 이승훈-으로 하여금 평안북도 정주定州의 한미한 시골인 오산에 신식교육기관인 <오산학교>를 세우게 한 것도 실력을 키워 나라를 찾는 일과 새 나라를 남부럽지 않는 보람되게 세우려는 깊은 뜻에서 비롯된 것이었다.

1921년에 조선에는 서북학회를 비롯해서 기호학회, 관동학회, 호남학회, 교남嶠南학회 등이 잃어버린 나라를 되찾는 과업과 청소년 교육에 힘을 쏟으며 뜻 있는 애국 간성을 키우려고 밤잠을 못 자고 먹을 것도 먹지 못하고 뛰어 다녔다. 월남 이상재가 조선교육회朝鮮教育會의 회장에 취임한 것이 바로 그때였다. 중책을 짊어진 것이다. 물론 바라던 바였다. <독립협회>를 그만두고 Y.M.C.A.에 힘을 기울이기 시작했을 때부터 조선의 청소년들을 반듯한 재목으로 길러 항일에 앞장서는 일꾼으로 키우는 것이 바라던 바였으니까!

때마침 1910년에 일본이 대한제국을 통째로 삼켜버리자 국채보상운동에서 모았던 막대한 돈을 갚지 않아도 되니 그 돈을 어디 쓰느냐가 문제가 되었다. 일일이 돌려주는 것도 어려우니 차라리 다른 유익한 일에 쓰는 것이 좋겠다는 의견이 나왔다. 우연히 윤치호, 노백린, 양기탁, 남궁억, 박은식, 유원표 등 애국운동에 앞장서서 활동하던 분들이 한 자리에 모이게 되었다.

"어떻소 좌옹! 그 국채보상 운동으로 모았던 금액이 꽤 되는 모양인데 그걸 어디 쓰지요?"

"글쎄……. 나두 그 용도에 대해 이리저리 궁리를 해보았는데 마땅히 쓸데가 없는 듯 싶소! 그렇다구 일일이 본인들에게 돌려 줄 수두 없구……. 차라리 학교를 세우는 게 어떨까!?"

"학교?"

"말하자면 민립대학 같은 것 말이요!"

"으음 그것 한번 연구해 볼 만 하구려!"

누군가가 선뜻 동의하는 뜻으로 말을 하였다.

"좋소! 민립대학을 세우도록 합시다."

모두 찬성이었다. 그리하여 만장일치로 <조선민립대학기성회>가 조직되었다. 당연히 조선교육회장인 월남 이상재가 그 위원장이 되었다. 1923년 4월 <민립대학기성회>가 정식으로 발족하였다.

(중앙집행위원)으로 이상재 이승훈 유진태 한용운 최린 조만식 이갑성 송진우 현상윤 김정식 허헌 등 서른여 명이 뽑혔다.

(감사위원)으로는 임치정 이달원 김교영 등 일곱 명

(회금보관위원)으로는 김병로 김성수 이일천 등 일곱 명

그리고 가장 중요한 것은 실질적으로 앞장서서 일을 추진 시키는 실무진인 상임부서였다.

위 원 장 …… 이상재

상무위원 …… 이승훈 유진태 한용운 유성준 등 여덟 명

그런데 실제에 있어서 이리뛰고 저리뛰고 자기 일처럼 전국을 누비며 정성을 다한 사람은 책임자인 월남 이상재와 열의에 넘치는 선봉장 남강 이승훈과 비서격인 백은白隱-유진태의 아호-세 사람이었다. 특히 월남 이상재는 이런 일 저런 일 다 거치면서 표면상 실질적인 성과를 거두지 못하여서 안타까워하던 중 실제로 실력을 배양해서 일본의 침략 세력을 내쫓는 일에

앞장세우려고 젊은이들을 키우는 육영사업에 마지막 정성을 쏟기로 다짐했다.

<조선민립대학기성회>의 취지서는 이러했다.

(오인의 운명을 여하히 개척할까! 정치냐 외교냐 산업이냐! …(중략)… 그러나 그 기초가 되고 요건이 되며 가장 급무가 되고 가장 힘 있고 가장 필요한 수단은 교육이 아니기 불능하도다. 하고오 하면 알고야 동할 것이요 알고야 일할 것이며 안 이후에야 정치나 외교도 가히 써 발달케 할 것이다. 알지 못하고 어찌 사업의 작위와 성공을 기대하리요. 다시 말하면 정치나 외교도 교육을 대하여야 그 효능을 진할 것이요 산업도 교육을 대하여야 그 작흥을 가할 것이니 교육은 오인의 진로를 개척함에 제하여 유일한 방편이요 수단임이 명료하도다. …(하략)…)

우선은 기금 400만원으로 대지 5만평을 사서 교실 10개와 강당을 짓고 문과, 법과, 경제과, 의과의 네 과를 두기로 했다. 사무진행은 1기, 2기, 3기의 세 단계를 두어 추진키로 하고 후원금의 출연도 좀 과하다 싶을 정도로 상당한 액수로 책정했다. 그럼에는 이번 기회에 애국심을 촉발하려는 의도도 숨어 있었다. <민립대학기성회>가 설립되었다는 기사가 각 신문에 보도되자 전국의 호응은 대단했다. 심지어는 멀리 만주의 심양瀋陽-奉天-과 만보산으로부터는 물론이고 미주와 하와이에서까지 성금을 보내왔다.

특기할 것은 민립대학을 세우려고 기성회를 발족시켰다는

기사가 민족지인 <동아일보>에 대대적으로 보도되자 경기도 안성에 사는 이정식李貞植이라는 부인은 밥을 짓기 전에 매일 아침과 저녁에 식구마다 쌀을 한 수저씩 떼어 놓고 그것을 모아 판 돈을 <민립대학기성회>에 보내와서 월남 이상재와 남강 이승훈, 백은 유진태 등 상무진을 감격케 했으며 콧등을 시큰거리게 했던 것이다. 그래서 전 국민을 울린 것은 물론이다. 그토록 국민들의 호응도는 대단했다.

월남 이상재는 흐뭇했다. 보람을 느꼈다. 무지하기 짝이 없는 것 같은 시골 사람들의 마음 속 깊이에 겨레사랑의 씨앗은 죽지 않고 싹트고 있다는 것을 다짐했던 것이다. 그것으로도 좀체로 울지 않는 월남도 흐느껴 울었다. 모든 위원들은 서로 부둥켜 안고 소리내어 엉엉 울었다. 감동의 물결이었다. 진정으로 가슴 밑바닥으로부터 솟구쳐 오르는 창자를 쥐어짜는 감격이었다. 기금은 순식간에 모아졌다. 백성들 한 사람, 한 사람의 정성을 모아 바야흐로 조선의 젊은이들은 더 높은 배움의 나래를 달게 되었다. 과연 조선 최초의 민립대학은 세워질 것인가!

야인 월남과 정무총감 미즈노 렌따로오水野鍊太郎의 힘겨루기

조선의 민립대학기성회가 후원금을 모으기 시작하자 <조선총독부> 당국에서는,

"까짓 제깐놈들 돈을 모은다고 해도 그러다가 지쳐서 곧 그

만들 걸!"

그렇게 생각하고 무시했지만 그게 아니었다. 순식간에 상당한 액수가 모아졌다고 들린다. 조선인의 민립대학 설립이 현실화 되어가고 있었다. 총독부는 당황했다. 더욱이 약삭빠르기로 이름난 미즈노 렌따로오 정무총감은 안절부절 한자리에 앉아 있을 수가 없었다. 맥을 놓고 있는데 갑자기 뒷통수를 얻어 맞은 것 같았다. 미즈노 총감은 허둥지둥 사이또오 총독의 방문을 두드렸다.

"누구요? 들어오시요!"

미즈노는 성큼 방안으로 들어서면서,

"각하! 큰일났습니다."

"무슨 일이요? 총감답지 않게 그렇게 뎀비지. 어디 전쟁이라두 터졌소?"

"예, 바루 그겁니다. 전쟁입니다."

"뭐요? 조선 독립군이라두 쳐들어 왔다는 거요?"

"예, 그 독립군 양성소가 생깁니다!"

"……."

총독은 약삭빠른 총감-그는 일본 본국 정부의 내무대신까지 지냈으면서도 조선의 정무총감직을 자원해서 조선에 온 베테랑 정치가이다-이 무슨 증거라도 잡았기 때문이라고 생각했다.

"그 무슨 소리요?"

"민립대학이 섭니다! 어물어물 할 때가 아닙니다!"

"뭐요? 그럼 어쩌면 좋소?"

미즈노 총감은 흥분한 가슴을 가라앉히는 듯,

"그러잖아두 그럴 일이 생길 것 같아서 만일을 생각해서 벌써부터 약간의 준비는 해 놓았지요!"

"응 어떤?"

"먼저 이 경성에 제국대학을 세우는 겁니다."

"그렇게 빨리?"

"만일 조선인들이 민립대학을 세우게 되면 큰일이라구 염려가 되서 미리미리 만반의 준비를 해 놓았습니다!"

"역시 미즈노 총감은 빈틈이 없어! 허허허……."

총독은 유쾌한 듯 홍소를 터뜨렸다.

"더욱이 조선인들은 벼슬에 약하거든요! 경성제국대학은 국립이라 관리가 되는 빠른 길이라는 것을 아니까 머리가 좋은 조선학생들은 많이 경성제국대학으루 몰려 올 겁니다. 물론 반수를 조선인도 뽑는다고 단서를 부쳐야 하지만요! 어떻습니까! 그 점 허가를 받을 수 있겠지요?"

"그야 문제없지."

"그럼 됐습니다. 하하하……."

"허허허허……."

그 웃음은 월남과 남강의 가슴을 찌르는 비수로 수표교水標橋의 <민립대학기성회>의 사무실에 날아 들었다.

조선의 서울 경성京城-일본의 동경은 자기네 수도이니까 조선의 수도는 경성이라고 불렸던 것이다-의 심장을 흐르면서 장안의 온갖 쓰레기를 씻어가는 청계천淸溪川은 이름처럼 맑디 맑은 그러면서 조록조록 조잘대며 나 몰라라 노래하며 한강으로 흘러 들어간다. 그것을 그동안 교통사정으로 덮었다가 새 시장이 당선되면서-이제 그는 대통령으로 선출됐지만-다시 예전대로 복원되었다. 바로 거기에 북촌-종로는 북쪽의 조선사람들이 살고 있는 거리-과 남촌-충무로-혼마찌-本町라고 불렀던 일본사람들이 주로 살던 거리-를 중간을 가르는 청계천이 흐르고 그 중간쯤에 수표교라고 물의 수위를 재기 위해 푯말을 만들어 놓았다고 해서 부쳐진 이름의 다리 근처에 <민립대학기성회>를 두었던 것이다.

그 사무실은 빼앗긴 나라를 다시 찾으려는 애국지사들이 항상 모여서 걱정하고 뜻을 갈기도 했다. 월남과 남강과 백은, 고하, 인촌, 고당, 만해 등을 비롯한 수많은 지도자들이 앞장서서 국권 회복의 칼을 벼르던 바로 그 중심부가 철퇴를 맞은 것이다. 아니 예리한 칼로 도려내어졌던 것이다. 이 소식이 <경성제국대학>을 <민립대학>보다 먼저 세울 것이라는 소식이 신문 지상에 보도되자 그 악마의 비웃음이 이리 뛰고 저리 뛰고 하면서 오로지 고등교육을 통해 일본의 지력을 넘어서려는 조선 사람의 의지를 싹도 피우기 전에 몽땅 잘라 버리려는 간교하고 잔혹한 <조선총독부>의 악랄한 계교에 여태껏 희망에 부풀어 피땀을 흘리며 정성을 쏟던 지사들은 그저 낙심하여 이를 갈 뿐이었다.

그렇다고 힘없고 짓눌리우는 어린 양인 백의 민족은 악의에 찬 일본의 간계에 맥 놓고 상전이 하는 대로 당하고 있을 수밖에! 이상재, 이승훈, 유진태 등 <민립대학기성회>의 실무진들과 북적대던 모든 애국지사들은 뒷통수를 얻어 맞아 그저 허무할 뿐이었다. 그보다도 <민립대학>이 서기를 기다리던 조선의 백성들은 절망의 컴컴한 구렁텅이로 빠져들려고 하고 있었다. 한편 <조선총독부> 청사 안에서는 <수표교 민립대학기성회> 안의 납덩이처럼 가라 앉은 공기와는 정반대로 희희낙락 축배를 들고 있었다.

"총독각하! 정말 선수를 잘 치셨습니다!"

"허허허……. 천만에……. 나는 뭐……. 실은 이 모두 미즈노 총감의 작품이오!"

"예에?"

그러나 이른바 총독부의 고위 관리들은 별로 놀라는 기미는 없었다. 그런 기묘한 계교는 의례히 재빠른 미즈노 정무총감이 짜낸 술법이라는게 틀림없다고 여겼으니까! 이미 총독부 청사 안에서는 그런 소문이 돌고 있었던 것이다.

조선의 지사들이 힘을 합쳐서 <민립대학>을 세우려고 기성회를 만들었다는 소식을 듣자 미즈노 총감은 조사원들을 기왕에 창설한 국내의 여러 제국대학과 세계 각국에 파견해서 대학설립에 대한 자료를 수집케 했던 것이다. 그리고 밀정들을 풀어 월남 등이 진행시키고 있는 <민립대학>의 기금 모집 운동이 어느 정도 진척되고 있는지 면밀히 살피고 있었다. 빈틈이 없었다.

그가 자진해서 <조선총독부>의 정무총감으로 부임한 몫을 이제 단단히 해내고 또 실력을 발휘하고 싶었다. 때가 왔다. 둘도 없는 조선의 거인 월남 이상재와 정면으로 대결할 절호의 기회가 온 것이기도 했다. 우선적으로는 부족함이 없었다. 오히려 가슴 뿌듯하였다. 해볼만하지 않은가! 아니 이길 자신이 있었다. 조선에 온 보람이 있었다. 조선의 첫째 가는 인물과 한 판 겨룬다는 것은 얼마나 보람 있는 일인가! 미즈노도 월남과 겨루니까 자기도 그만한 인간적 무게가 있게 된다고 착각하는 모양이었다.

월남 이상재는 정공법으로 모든 사람, 동지고 원수고 간에 꼭 같이 기독교인으로서의 사랑으로 대하는 Y.M.C.A.맨으로서 있는 바 그런 월남과 절대적인 권력의 대행자로서의 <조선총독부> 정무총감인 미즈노간에 일대 격전이 벌어지려는 것이다. 결과는 불을 보듯 뻔했다. 이미 승부는 난 것이다. 물론 <조선총독부>의 막강한 권력을 쥐고 있는 정무총감 미즈노의 손이 높이 들어질 것은 뻔한 노릇이었다.

억압 받고 손이 꽁꽁 묶인 들판의 방랑자인 야인 월남과 총무장한 굳건한 요새인 금성탕지金城湯池의 성주 검객과 견주어도 도저히 승부를 겨룰 수 없는 싸움! 그러나 외형상의 겨룸이 아니고 바야흐로 보다 차원이 높은 의식의 싸움이 벌어지려는 것이다. 인간과 인간의 겨룸! 당사자들은 긴장했다. 워낙 인물의 차이가 엄청났다.

<민립대학> 허가 신청이 들어오자 총독은 더 볼 것 없이 한마디로 거부했다. 말도 안된다는 것이었다. 반도인이 대학에서 공부를 한다는 것은 당치 않다는 것이다. <민립대학기성회> 측은 끈질겼다. 사실 결사적이다. 그건 <일본제국>의 속박에서 놓여나려는 필사적인 몸부림이었으니까! 거부당하면 거부당할수록 천 번이고 만 번이고 허가가 나올 때까지 끈질기고 줄기차게 허가 신청서를 낼 작정이다. 허가가 나올 때까지. 그런 기미가 엿보였다. 시이또오 총독도 지쳤다. 미즈노 정무총감을 불렀다.

"미즈노 총감! 그 작자들 또 <민립대학> 설립 허가를 신청해왔는데 어쩌면 좋겠소? 이번에는 다시 못하도록 결정적 조치를 취해야겠는데……."

"허가를 하시죠!"

"뭐?"

"허가를 하시란 말입니다."

"……."

"단 조건 하나를 붙여서 말입니다."

"……."

총독은 총감의 눈치를 보았다. 어떤 뾰족한 수가 흘러 나올지 궁금했다.

"조선 사람들이 그렇게 공부를 하구 싶다는 걸 누가 막겠느냐구 전제하구 나서 백 번 천 번 찬성하는데 다만 우리 일본과 힘을 합쳐 공동으로 대학을 세우자고 하세요!"

"뭐요? 죠센진과 함께?"

"그러면 <민립대학>측에서는 틀림없이 거절할 겝니다."

"왜에? 만일 그러자구 하면……."

"백 번이문 백 번 절대루 그럴 리가 없습니다!"

"어째서?"

"제 생각으로는 <민립대학> 설립 운동은 독립운동의 한 방법으로 바꾼거라고 생각하니까요! 독립운동 일꾼을 키우려고 할 겁니다. 만일 우리 일본과 함께 대학을 세우면 그런 걸 못하게 되니까요! 틀림없습니다."

"으응 그 참 묘한 수요. 과연 그렇군!"

총독은 미즈노 총감의 비상한 추리력에 새삼 감탄했다. 아닌 게 아니라 이상재 등 <민립대학기성회> 측에서는 즉각적으로 결코 일본인과 같이는 대학을 세우지 않겠다고 거절해 왔다. 사실 애국지사들은 <민립대학> 설립이 독립운동의 간성을 기르기 위한 실력배양의 방편으로 항일운동의 역군을 키우는 작업이었던 것이다. 일본인과 함께라면 그런 밑지는 장사를 왜 하겠는가! 미즈노의 예측이 적중했던 것이다. 월남, 남강, 백은 등 앞장서서 뛰던 기성회측 간부들은 물론이고 전체 중앙위원회에서도 만장일치로 총독부의 제의를 거부키로 즉시 통고했다.

경성제국대학京城帝國大學 태어나다

이상재 등이 추진하던 항일투쟁의 간성을 키우려던 <민립대학기성회>를 물거품으로 만든 <조선총독부>의 미즈노 정무총감 등은 경성에 먼저 경성제국대학을 세우기로 했던 것이다. 도쿄 제국대학, 쿄오도 제국대학, 센다이仙臺에 도호꾸東北 제국대학, 가고시마鹿兒島에 큐수우九州 제국대학, 오사까에 오사카 제국대학, 홋카이도에 홋카니도오 제국대학이 있듯이 이 조선의 수도인 경성에도 그 권위가 당당한 국립대학인 경성제국대학을 세운다는 것이다.

월남과 미즈노의 힘겨루기는 막강한 힘(?)을 휘두르는 칼자루를 쥔 서슬이 퍼런 <조선총독부> 정무총감 미즈노 렌따로오의 일방적인 승리로 끝나는가 싶었다. 외형상으로 보아서는 말이다. 제국대학하면 어쩐지 제국주의라는 전 근대적인 약소민족을 마음대로 침략하던 식민주의자들의 악랄한 독스런 이빨을 연상한다. 사실 그러했다. 지금도 그렇지만 일본은 극우적인 침략주의를 좀체로 청산할 수 없는가 보다.

이른바 <정신대挺身隊>라고해서 천인공노할 나이 어린 처녀들과 갓 시집간 새 아낙네를 강제로 끌어내다가 자기네 침략적인 병사들의 성욕의 배출구로 짓밟고서는 또 그 문제가 세계의 인권론자들의 규탄을 받고 있으면서도 조금도 뉘우침 없이 시치미를 떼고 있는 뻔뻔스러움을 보여주어 아직 전세계인에게 지탄을 받고 있다. 그런가하면 독일에서는 제2차 세계대전이 끝난지 50여 년이 지난 지금까지 아직도 전쟁 피해를 입은 국가나 개인에게 속죄하고 보상해 주는 사실을 왜놈들은 무시하고 있다. 정말 후안무치한 작자들이다.

심지어는 엉뚱한 나라인 미국의 의회에서까지 <정신대> 문제를 지탄하는 결의안이 상정되자 그걸 부결시키려고 이른바 '로비'라는 비열한 수단까지 감행하고 있다고 한다. 벌어졌던 입이 닫쳐지지 않을 정도다. 이 모두가 철저히 관료주의 만능의 또 철저한 우익일변도의 일본정치가들의 파렴치한 작태들인 것이다. 심지어는 동해바다의 외로운 바위섬인 독도를 자기네 영토인 다께시마竹島라고 억지를 부리고 있다. 어이가 없어서 열렸던 입이 다물어지질 않고 있다. 독도야말로 모든 역사적인 고증으로 보아 우리 한국의 고유 영토임이 분명한데 말이다.

그런식으로 경성제국대학도 창립하여 조선인들의 민립대학 창립에 선수를 친 <조선총독부>의 간교한 수법이야말로 그 전형적인 간교성이었던 것이다. 그리고 벼슬을 좋아하는 동양인들의 특히 조선 청년들의 얄팍한 명리 욕구주의가 그것에 영합하여 특히 오랫동안 양반계급에 시달렸던 조선의 백성들의 본능적이라고 할 감투에 대한 욕심이 그 미끼에 혹해서 달려 들었던 것이다. 그리하여 <민립대학기성회>는 마침내 물거품이 되고 말았다. 결국 월남 이상재와 남강 이승훈의 새로운 방법으로의 항일 투쟁 결의는 여지없이 부서졌던 것이다.

악명 높은 미와三輪를 앞잡이 저격수로

"미즈노 총감. 종로서의 미와꿍에게 그 이상잰가 뭔가 하는 자를 감시케 하지."

"그렇찮아도 이미 몇 차례 감시도 시키고 협박도 하도록 명령을 했습니다만 니떼모 야이떼모 구에나이-삶아 먹어도 구어 먹어도-시원치 않다는 겁니다. 그토록 미꾸라지 같답니다."

"그래도 형사들을 몇 친구 붙여서라도 끈질기게 쫓아 보라구 해."

"그러죠!"

그러고 보니 몇 해 전에 협객 김두한金斗漢을 주인공으로 한 <야인시대野人時代>라는 인기 통속 드라마가 장안의 시청률을 휩쓴 바 있었다. 그 드라마에서 아주 간교한 일본인 사상경찰로 종로경찰서의 고등계 주임인 미와라는 경부가 극성스럽게도 끈질기게 주인공 김두한金斗漢을 괴롭히는 장면이 여러 번 나온다. 긴또깡이라고 부르면서 말이다.

그 미와라는 자는 일제 때에 있어서 한국의 독립운동가들에게는 찰거머리의 불별 독을 뿜는 지네와도 같은 극악무도한 독사처럼 얄밉고 무서운 눈 안의 가시였다. 그 미와가 하루도 멀다 하지 않고 월남네 집은 물론이고 종로의 Y.M.C.A. 사무실에도 몇 번씩 들락거렸다. 구실은 좋았다. 보호해 준다는 것이었다. 미와 등 종로경찰서의 개-일본경찰-들이 하도 귀찮고 끈질기게 따라 다녀서 그토록 대범한 월남도 이제 지칠대로 지쳐서 하루는 몸살로 누워서 바깥 출입을 못하고 있었다. 미와는 구실이 좋았다. 병문안을 한다고 공공연하게 과일 보따리를 사들고 재동 월남네 집으로 찾아 들었다.

"좀 어떠십니까? 월남 선생! 몸이 불편하시다고 해서 병문안 왔습니다. 얼른 일어나셔야지요. 이 중대한 비상 시국에……."

월남은 입이 써서 그 악명 높은 미와를 물끄러미 쳐다보고만 있었다.

"아 참. 요즘 윤치호 선생과는 자주 만나시는지요? 물론 월남 선생께서 누워 계시니 자주 들르시겠지요?"

"……."

"남강 선생도 걱정이 많으시겠어요? 그 분과는 의형제를 맺으셨다면서요! 축하합니다."

"……."

"또 한 분은 누구시라 하더라! 그래 그래 박승봉 장로님이라시죠?"

"……."

"<민립대학>이 그렇게 되서 안됐습니다."

"정보도 빠르시군! 하긴 그 전문가시니까?"

미와의 사냥개 코에 대해서는 그야 밑에서 쑤셔대는 사냥개들인 조선인 밀정들을 경성 시내에 깔아 놓은 수만 명도 넘을 터이니 돈을 물 쓰듯 하는 <조선총독부>의 주된 임무는 그것

밖에 없을테이기도 하지만 도대체 <조선총독부>가 하는 짓은 불령선인의 색출과 검거뿐인 것을! 남강이 불현듯 나타났다. <민립대학기성회>의 사후처리를 논의하기 위함이었을지 모른다. 미와의 짝 찢어진 눈꼬리에는 가느다란 냉소가 흐른다.

진짜 의형제

"흥. 허울 좋은 의형제군!"

독사 미와의 비웃음의 속셈이었다.

'우리 <일본제국>을 철저한 원수로 생각하고 있는 악질 반일 불령선인들!'

미와는 속으로 이렇게 씨부리고 있었으나 월남과 남강은 워낙 조선인들에게 너무 존경을 받는 거물 지도자들이라 함부로 다룰 수도 없어서 속으로만 노릴 따름이었다.

"남강 선생님. 월남 선생의 병환이 걱정되서 문병 오신 모양이죠?"

"그것도 그렇고 <민립대학기성회> 일을 의논 좀 하구 경성에 올라온 김에 문병도 할 겸 왔수다. 헌데 미와 형사는 뭘 감시하려고 쥐새끼처럼……."

"네에? 그건 너무 넘겨 집는 데요?"

미와는 아주 입이 쓰다. 곰 쓸개를 핥은 것 같았다. 하지만 선불리 건드릴 수도 없어서 치밀어 오르는 분노를 꾹 참아야

하니 얼굴이 찡그러질 수밖에.

"남강 선생님! <오산학교>는 고꾸고-일본말-를 잘 쓰구 있겠죠?"

"뚱단디 같이 그건 또 무슨 말이디?"

"<오산학교>는 하도 반일분자만 키우고 있으니까요!"

"그랬던가! 허허허……."

남강은 월남을 찾아 온 본론으로 들어가려는 듯,

"그건 그렇고 월남! 이제 <민립대학>은 아주 물 건너 갔소?"

"뾰족한 수가 없지 않소. 이 미와에게 물어 보시구려! 아마 좋은 대답을 주실거요."

그러자 미와는 머리를 절레절레 흔들며,

"그게 무슨 소리요! 그런 근본적인 정책문제는 높은 분들의 소관인 걸요. 나같은 말단 경찰이 어떻게……."

"그렇소? 난 또 미즈노 총감각하의 지시로 날 감시하려고 온 줄 아는데……. 그렇지 않았군……. 허허허……."

"……."

마와는 메사해서 어쩔 줄을 모른다. 월남의 핀잔이 날카로왔던 모양이다. 미와는 슬슬 자리를 떠야 하리라고 생각했지만 남강이 나타난 이상 또 무슨 정보라도 얻을 수 있지나 않을까 하고 성큼 일어날 수도 없었다.

"미와군. 우리 별로 자네에게 해될 만한 이야기를 할 것 같지 않으니 이제 일어나셔도 될 것 같소. 잘 가시오."

아예 축객령이었다. 가라는 것보다 더 했다. 미와도 더 앉아 있을 필요가 없었다. 일어설 계기가 되었다. 미와는 성큼 일어섰다.

"왜 벌써 가실라오?"

미와가 가기를 재촉하듯 남강이 한 수 더 떴다. 미와는 더 앉아 있을 수가 없었다. 미와가 꽁무니를 빼자 그 자리에 앉았던 두 사람은 한바탕 웃어제꼈다.

"하하하하……."

"하하하……."

미와가 나가고 대문이 닫히는 소리가 들리자 남강이 바짝 다가 앉는다. 소리를 낮춰서,

"월남 이제 어떡하지? 난 고당하구 우리 오산에 농과대학을 세우기루 했디만……."

"그거 참 잘 됐소. 우리나라는 농업국이니까 농사꾼을 키우는게 급선무지요. 남강! 정말 좋은 일을 시작했소, 그려! 남강은 실천주의자니까."

"월남 과찬이요. 그건 내가 오래전부터 생각했던 거요. <민립대학>이 틀렸으니까니 기왕에 생각했던 농과대학이라두 시작해야되디 않가서……. 하하하……. 그건 그렇구 <민립대학>은 이제 완전히 물 건너갔디?"

"왜 미련이 남아?"

"다 된 밥에 재를 뿌렸으니까니, 에엣 괘씸한 놈들!"

월남도 분하기는 남강 못지 않았다. 아니 책임자였기 때문에 더 하면 더 했지. 정말 참을 수 없이 분했던 것이다. 그저 그의 침착한 성격으로 속으로 살라 먹을 뿐이었다.

"월남 이제부터 뭘 할 작정이지?"

"우선 한동안 Y.M.C.A. 일에나 힘을 기울일 작정이오."

"그럼 나는 가겠수다. 잘 계시우."

"고향에 내려가겠소?"

"물론이디. 내가 갈 데가 어디 있가시오."

남강은 성큼성큼 걸어 나갔다.

역시 기독교 청년회로

한시를 즐기며

윤치호 회장이 새로 취임하기는 했으나 <조선기독교청년회>를 실질적으로 운영하는 것은 월남 이상재였으며, 요 며칠 동안 고뿔로 집에 누워 있다가 이제 마음먹고 <조선기독교청년회>의 일에 힘을 기울이려고 사무실도 새로이 깨끗하게 단장하였다. 새 의자라고는 하지만 딱딱한 나무 의자였으며 그 딱딱한 의자에 기대 앉아 창밖을 내다 보고 있었다. 그리고 모처럼 그의 유일한 취미이기도 한 한시를 지으려고 시상을 다듬고 있었다.

초 여름이라 새싹이 움튼지 오래인 나뭇가지에선 새들이 제법 재잘거리는 게 정겨웠다. 오래간 만에 시골 고향 한산의 정경이 눈에 아른거린다. 시뿌연 봄 하늘에서는 종달새가 지저귀며 높이 높이 하늘로 올라갔었지! 문득 그 옛날 고향에서의 일이 머리에 떠올랐다. 조상의 묘지 문제로 한산군수를 만나기 위해 옥천으로 걸어 갈 때 고개를 넘어가면서 목이 말라 고갯마루 나무 그늘에 앉아서 옹달샘에서 물을 마시던 생각이 떠오르자 미소가 저절로 번져나왔다. '그때도 종달새가 지지배배 지저귀고 있었지 그땐 새삼 순진했었지. 허허허어어…….'

이때 사환이 들어와서 손님이 오셨다는 전갈을 해왔다.

"들어오시라고 하시오."

그는 어린 사환에게도 어김 없이 존댓말을 썼던 것이다. 예전에 월남은 스타라는 학자가 만나자고 했을 때,

"대낮에 별이 뜨다니 참 미국은 대단하군!"

이라고 해서 그 스타라는 학자가,

"조선에도 그런 휴머리스트가 있다니!"

그 스타Starr는 시카고 대학 교수를 역임한 세계 인류학계의 권위자로서 1911년에 조선에 왔었고 또 1921년까지 세 차례나 조선에 왔으며 친한파 인사로 무척 월남 선생을 존경했었다. 그는 미국에 사는 한국 동포들이 내는 월간지 『우리 키Our Key』의 1928년 3호에 기고한 이상재 옹이라는 글에서, "1917년에 나는 조선의 대표적인 인물이 누구인가 하는 것을 알고자 하여 어떤 성품이 조선사람에게 가장 존경 받는지 찾아 보려고 했다. 나는 조선에도 진정한 지도자가 있는가! 세계 어느 나라에서든지 지

도자로 인정이 될 만한 그런 이지적 도덕적 능력을 가진 인물이 있는가 하는 것을 찾아 보려고 하였다. 그 방법으로 나는 조선 사람 100명에게 누가 조선에 지금 살아있는 10대 위인인가 하는 것을 묻기로 하였는데 그 중 가장 점수를 많이 받은 사람 가운데 10명을 고르기로 했으나 뜻밖의 사정이 생겨 그 방법을 저버리고 말았다. 일본 관헌 측이 내가 요청한 사람들보다 자기네가 추천한 인물을 끼워달라는 것이었다. 그건 내 본래의 뜻과는 전혀 맞지 않은 것이었다. 내가 왜 이런 말을 장황하게 늘어놓는가 하면 기왕에 추거된 사람 중에 다만 이상재 옹만이 들어 있다는 것을 밝히고자 함이다." 하면서 감탄했다는 일화가 있을 정도로 월남의 해학적인 성품을 극찬했던 인재였다. 그런 사람이 다시 찾아왔다니 반가울 수밖에.

그건 그렇고 1919년 3월 1일 조선에서 독립선언서 낭독 사건이 있었던 것은 제1차 세계대전이 연합국의 승리로 돌아가자 전승국의 주축이었던 미국의 윌슨Willson 대통령이 민족자결주의를 제창함으로써 나라를 빼앗겼던 각 약소 민족이 자주 독립을 하고자 1919년 3월 1일의 독립만세 운동이 벌어지자 세계의 이목이 조선반도에 집중했었다. 그래서 미국에서는 특별 조사단까지 조선에 파견했던 것이다. 온 지구를 떠들썩하게 했었다. 아시아의 한 모퉁이에서 허덕이고 있던 어린 양 동방의 등촉이며 고요한 아침의 나라 조선은 목놓아 울부짖었다. 그 울음소리가 얼마나 컸던지 들으려고 미국의 의원단이 빼앗긴 조선의 서울 경성을 일부러 찾아왔던 것이다.

<조선총독부>는 그 울음소리가 크게 들릴까 촉각을 곤두세우고 그 사건을 곧이 곧대로 밝힐 조선의 지도자들을 만나지 못하도록 계략을 쓰는데 안간힘을 썼다 우선 눈 속의 가시인 윤치호와 이상재 그리고 신흥 우등 <조선기독교청년회>의 간부들을 감시했다. 미국의 의원단들도 우선 그들을 만나려고 초청했던 것이다. 환영회가 열렸다. <조선총독부>도 미국 의원단이 초청한 그들을 부르지 않을 수 없었다. 허나 쓸데 없는 말-독립만세 사건의 처참성에 대한-은 하지 않도록 함구령을 내렸다. 그리고 월남만 참석할 수 있었다.

"우리가 미국 사람들을 좋아하는 것은 미국이 부자 나라이어서도 아니요 또 미국이 군비가 강해서도 아니오! 미국은 정의와 인도와 자유를 사랑하기 때문에 미국을 좋아하고 존경하는 것이니 그것이 사실이라면 미국은 우리의 실정을 잘 이해해서 인도에 어긋남이 없도록 해주시기를 바라고 또 꼭 그렇게 해 줄 것이라고 믿소!"

이상재의 환영사는 부드러우면서도 그 속에 날카로운 칼날을 숨긴 창으로 폐부를 찌르는 듯 하였다. 그리고 <조선기독교청년회>가 주로 조선인 이사들로 바뀌지게 되자 조선을 떠나게 된 외국인 이사들이 주로 작별인사차 월남을 찾아왔었다. 그리고 그 스타 교수도 <조선기독교청년회>로 월남 이상재를 다시 찾아와서 한동안 환담을 나누다가 돌아갔다.

거인은 잠잠하다

조선의 거인Great Man of Korea이라고 극찬한 에비슨O. R. Avison을 비롯해서 Y.M.C.A. 총무를 지낸 바 있는 질레트L. Gillett 조선 이름이 부라만巴樂萬인 F. M. Brockman 등 그동안 기독교청년운동의 원칙을 세워준 선교사들이 조선을 영원히 떠남에 있어서 그동안 월남 이상재의 인격에 깊이 감명을 받은 아쉬움의 정을 못 잊어 작별 인사를 하려고 찾아왔던 것이다.

더욱이 그들은 이준 열사가 네덜란드 서울인 헤이그에서 <을사보호조약>이 일본의 강제에 의한 것이므로 무효라고 주장하다가 관철이 되지 않자 자결했을 때 부인이 세상을 떠나고 아들 승인마저 죽었는데도 불구하고, 게다가 고종황제로부터 법부대신을 맡아달라고 간청이 있었는데도 은근히 자결을 생각하고 있어서 성경에 자결도 일종의 살인이라는 말을 듣자 단념하고 <기독교청년회>의 총무일에 전념한 틀림없는 Y맨이라고 격찬을 아끼지 않았던 것이다.

그리고 틈이 나는 대로 그 <청년회>를 통해 어떻게 하면 젊은이들을 올바른 길로 인도하고 또 나라 찾는데 어떻게 이바지할 것인가를 연구하는 것이었다. 그리고 영기를 기르기 위해서 마음을 가다듬는 데도 힘을 기울였다. 또한 취미생활도 게을리 하지 않았던 것이다. 그날은 몹시 흐리고 비가 줄기차게 내리고 있었다. 우울한 월요일이었다. 이럴 때는 항상 하듯 전에 고향 집에서 아내가 지어준 한산 모시 두루마기를 벗어 벽에 걸어 놓고 한지를 곱게 책상 위에 펴놓고 연적硯滴에서 벼루에 물을 부어 먹을 가는 것이었다. 옛 선비라 문방사구文房四具는 항상 옆에 놓아두고 있었던 것이다. 한시 짓는 것을 무척 즐기는 그로서는 그것이 유일한 취미이기도 하였다. 방금 생각난 한시를 지으려고 하는 참인데 문을 두드리는 소리가 들렸다.

"예에."

그는 돌아보지도 않고 뒷등으로 대답했다.

"들어오십시오. 문은 항상 열려 있습니다."

좌옹 윤치호 회장이 웃으며 문고리를 열고 들어왔던 것이다. 뒤돌아 본 월남은 흠칠 놀래며 재빨리 일어서서 공손히 옆으로 물러서며,

"어쩐 일이십니까. 이렇게 늦은 시간에……."

"허어허어……! 도산이 중국에서 통일전선을 만드는 데 애쓴 보람이 있어서 겨우 성과가 있었다는 소식이오. 어찌 반갑지 않겠소. 그래서 월남에게 우선 알려주고 싶어서 이렇게 늦은 시간에도 혹시나 하고 들렀던거요. 마침 계셨구려."

"그랬었군요. 정말 반가운 소식인데요!"

월남이 여전히 한시를 지으려고 하는 것을 보고,

"또 시상을 다듬고 계셨군요!"

"예전부터 서투른 솜씨지만 놓지 못하는 버릇이라. 허어허어……."

“무슨 시상인데…….”

“선죽교라는…….”

“으응 참 좋은 생각이군요!”

월남은 입을 쩝쩝 다셨다. 그토록 자기를 아껴주는 윤치호 회장의 따뜻한 가슴이 고맙기도 했던 것이다.

“그럼 월남 난 또 가보갔쉬다. 월남도 이제 들어가 보시지요! 아참 시상이 떠올랐으면 한 수 지어야지요! 허허허…….”

월남은 모처럼 가다듬었던 시상을 다시 떠올려서 여전한 달필로 시를 써내려갔다.

善竹橋

橋下下驢對夕輝 行人指需一嘘晞
可忘當日風雲會 想像千秋日月輝

基業己歸周武聖 江山悠悠伯夷非
淋漓赤血痕今在 熱淚長霑志士衣

선죽교

다리 아래 흰 나귀가 노을에 서 있는데
지나던 사람 손으로 가리이며 한 번 탄식하네

어찌 당일의 풍운의 모임을 잊으리
천추에 해와 달 빛나는 것 상상하네
기업은 이미 주무왕에게 돌아갔고
강산에는 오히려 백이-伯夷-가 그르단 말도 있네
흘러 내린 붉은 핏자국 지금도 그대로 있는데
뜨거운 눈물만 지사의 옷을 적시네.

이번에는 또 장난꾸러기 정구영鄭求英이 불쑥 들어왔다.

"아니 정군이 웬일인가? 다 저녁때……."

"그 성경 귀절 빛이 있으라 하시메 빛이 있었고 라고 했는데 집에 가서 밤새 머리를 굴렸는데 도무지 납득이 가지 않아서 아무래도 월남 선생님께 물어봐야겠기에 이렇게 늦게 찾아왔습네다. 용서하십시오."

월남은 한참동안 그런 정구영을 빤히 쳐다 보다가

"정군! 자네는 장차 어떤 사람이 되겠다고 했지?"

"그건 왜요?"

"하여튼 대답이나 해보렴."

"난 과학자가 될레요."

그런 정구영은 뒤에 법조계의 대부로 <대한변호사협회> 회장을 역임하고 박정희가 5・16군사 쿠데타로 정권을 잡고 군사정권을 세운 뒤 제6대 국회의원에 당선되었고 <민주공화당>의 총재도 지냈던 군사정권의 대들보였으나 김종필金鐘泌계로 몰렸던 인사이다. 그가 1970년 <중앙일보>의 "남기고 싶은 이야기"에서 자기도 Y.M.C.A.의 상과를 1912년에 나왔는데 자기가 그때 월남 이상재와의 관계에 대해 이런 일화를 적었던 것이다. 그 당시에 있었던 실화로 다음과 같은 이야기를 밝혔다. 기도시간에 있었던 일이다.

"너 기도할 때 왜 콩나물 대가리처럼 고개는 숙이지 않고 빳빳하게 세우고 있지?"

"그걸 어떻게 아세요?"

"나도 눈 뜨고 봤으니까 알지."

그렇게 말하자 모든 학생이 깔깔 웃으며 폭소를 터트렸다고 한다. 그래서 정구영은 월남을 한낱 농담이나 잘하는 늙은이인 줄만 알았다는 것이었다.

그때 월남은 정구영에게,

"자네는 하느님을 믿나?"

"그런 허황한 얘기를 누가 믿겠어요? 아니 말 한마디로 세상을 만들었다는 그런……."

"더 말할 나위가 없다. 가 보아라!"

"예에? 중대한 얘길 물으려고 왔었는데……."

"그게 뭐지?"

"잊어버렸어요."

"하하하……. 그런 정신으로 무슨 일을 하지? 그만 가보아라. 뒤에 생각이 나면 오도록."

정구영이 돌아가자 월남은 밤에 나와 Y.M.C.A.의 학생반에서 배우고 있는 젊은이들을 보다 더 민족의식에 철저하도록 키워야겠다고 새삼 다짐하는 것이었다. 이미 창 밖은 어둑어둑해졌다. 지필묵을 봇다리에 싸가지고 그 날도 또 재동집으로 돌아가려고 밖으로 나섰다. 새로이 희망을 찾으면서.

믿음의 결의형제?

그 전의 일이었다. 해가 뉘엿뉘엿 저무는 저녁 때였다. 남강 이승훈이 느닷없이 안국동 교회의 박승봉朴勝鳳 장로와 함께 재동의 월남 이상재의 우거를 찾아갔다.

“아니 이거 웬일이요. 두 분이 함께 이 누추한 곳을 찾아주시다니?”

월남 이상재는 두 반가운 친구를 정중히 안방으로 인도하고 좌정들 하자 눈으로 두 사람의 예방한 뜻을 물었다. 남강은 소탈한 그의 성격으로 성큼 말을 뱉었다.

“그렇게 됐수다, 월남! 내래 이번에 경성에 올라온 김에 안국동 녜배당에 들렀는데 그래서 생각이 나서 이 박 당노와 함께 월남과 우리 셋이서 의형뎨를 묶고파서 이렇게 찾아왔디요. 그래 월남 생각은 어떻게 생각하디? 허어허어…….”

“뭐요? 의형제? 그거 좋지 그렇잖아도 나도 박장로를 늘 사모하던 참이니 허어허어. 좋구 말구. 하지만 의형제라면 옛날 중국의 관포지교管鮑之交처럼 혈맹을 맺어야 할터인데……."

박승봉 장로는 존경하는 두 선배가 주고 받는 격의 없는 수작에 그저 송구스러울 뿐이었다. 정말 오래 전부터 바라던 참이었다. 그 두 분 존경하는 선배 지사들과 사귀는 것도 황감한데 이제 의형제까지 맺게 되다니 그야말로 더 바랄게 무엇이겠는가! 남강은 선뜻 박승봉 장로에게 묻는다.

"박 당노 어드릏디?"

"저야 더 바랄께 없죠. 두 분이 절 그렇게 아껴 주시니! 감지덕지죠!"

남강은 선뜻 월남의 그 참뜻을 깨닫고,

"그럽시다레 그만한 각오를 하디 않고 왔갔시오 박 당노 그 준비한 칼 내놓구레."

박승봉이 호주머니에서 칼을 끄집어낸다. 남강이 우선 새끼손가락을 벤다. 선혈이 솟아흐른다. 미리 준비한 사발에 받는다. 곧 이어 박승봉이 손가락을 벤다. 월남이 두 사람을 잠깐 물끄러미 쳐다 보다가 자기도 선뜻 두 사람의 피를 받은 사발에 자기도 손가락으로 흐르는 피를 받는다. 셋은 그 피를 조금씩 마셨다. 남강은 기분이 좋다.

"하하하, 이제 우리 세 사람은 혈맹의 동지가 됐구려! 하하하……. 기분 둏군!"

남강은 말을 잇는다.

"자아 그럼 우리들 예수쟁이니끼니 축배를 들 수는 없구

……. 월남 어떻소? 아참 그러지말구 월남 한시를 잘 딧는다니까니 기념으로 한 수 딧디 그래!"

이상재는 약간 어색한 듯 잠깐 망설이다가 선뜻,

"그거야 뭐가 어렵겠소! 내 한 수 지리다."

"월남! 고롬 한시를 잘 디니까니 한 수 딛구레!"

"그를까? 그럼 우리 마당에 내려 갑시다! 마침 평상에라도 앉아서 오랫만에 정담이라도 나눕시다. 이렇게 모이기도 어렵구 하니!"

"기거 돟디요."

세 사람은 뜰에 서 있는 늙은 소나무 밑에 놓인 평상-대나무 널판지를 종종히 묶어서 네모로 짠 자리-에 각각 앉는다.

"자아 그럼 월남 한 수 딛구레."

월남은 한참 동안 소나무 가지 사이로 새어오는 달빛을 바라보다가 시상을 가다듬으며,

"갑자기 좋은 시제가 떠오르지 않는구려."

"허어 우리 학교 있던 니광수李光洙는 우리 <오산학교> 교가니 창립식가니 척척 잘 딧던데 월남이야 더 훌륭한데 뭘 그러우?"

"그 분이야 천재로 이름 난 분 아니요!"

"하여튼 빨리 딛수구레!"

"그럼 짧은 걸 한 수 읊겠소!"

萬事無求 源理外一心自在 不言中

老驥伏櫪 志在千里 烈土暮年 壯心不己

"과연 월남이로고! 헌데 뜻을 대강은 알갔디만 우리 같은 무식쟁이야……. 자세하게 풀이해 주구려!"

그러자 월남은 입가에 빙그레 미소를 먹으며,

"실은 우리 세 사람이 결의형제를 기념해서 잘 아시겠지만 쉽게 풀면

모든 일은 원리 밖에서 구하지 말라
한 마음은 스스로 말하지 않는 가운데 있나니
늙은 망아지가 마굿간에 엎드려 있어도
뜻은 천리를 달리는데 있고
열사는 늙은 나이에도 장한 마음이 없어지질 않는다.

허허허……. 말하자면 우리 셋이 이제부터도 더욱 뜻을 굳게 가지고……."

잠깐 밖에 신경을 쏟는 듯하다가 안심한 듯,

"나라 찾는 일에 더욱 힘을 합치는데 마음을 쓰자는 뜻이지. 허허허."

그날은 밤 깊도록 서로 회포를 풀고 느즈막하게 헤어져 갔다.

언론을 새 병기로

〈조선일보〉의 사장에

“최은희 실장! 아무래도 결정적인 판단을 내려야겠습니다. 까짓거.”

“어떤? 이국장님!”

“우리레 신문하는게 돈 벌라고 하는 것도 아니구 뭐 좀 보람 있는 일을 할라구 하디 않가시요? 그럴 바에야 화끈하게 왜놈덜에게 좀 따끔한 맛을 뵈줘야지 않갔소?”

“이 국장 소리가 너무 큽니다. 좀 낮추시라요.”

“그래서 말인데 이참에 월남 선생을 사당으루 모셔 오는 것이 어드룽가시오?”

“이상재 선생을?”

"예에……."

"……."

물론 주로 <조선일보>가 그동안 중립지로 또는 가끔 친일지로까지 기울어지는 듯 하였는데 그럼으로써 조선의 일반 독자들에게 별로 좋은 인상을 주고 있지 못해 실제 운영에 있어서도 구독자가 자꾸 줄어들고 그래서 돈도 별로 들어오지 않아 겨우 종이를 사는데 충당할 정도였던 것이다.

"그 분이라면 더 논할 필요가 없죠. 헌데 그 분이 응하실가요?"

"그건 염려 놓으시라요. 슬쩍 언론으로 항일운동을 하시라면 두말 없이 응하실 거요! 또 우창 신석우 선생께서두 말이 있었거덩요."

"그릏다문 더 이러쿵저러쿵 말이 필요 없겠군요!"

"게다가 지금 시험 중인 방송두 하시도록 한다면 혹 할걸요. 사회는 당신 최여사가 하시구, 핫하하하……."

"제가요?"

"와 싫소?"

"아니 그런건 아니지만……."

"자아 그렇게 결덩합시다. 그럼 까짓. 하하하……."

그렇게 해서 월남 이상재는 1924년 뜻하지 않게 <조선일보> 사장으로 영입이 되었던 것이다. 물론 측근이며 재정적으로 여유가 있는 우창 신석우가 그동안 뒤에서 도왔지만, 그리고 그 다음 해인 1935년에 마침내 제1회 <전조선신문기자대회>가 열리게 되었다.

제1회 전조선기자대회全朝鮮記者大會

월남은 항상 사물을 침착하게 관조하고 처리하는 편이다. 결코 서두르지도 않았으며 요모조모 따져서 어디 하나 치우치지 않도록 사려 깊게 살펴서 일을 처리하곤 하였다. 그는 <민립대학>을 세우는 것이 뜻하지 않게 되자 어떻게 일본제국주의와 싸워서 나라를 다시 찾을까 하고 때를 기다리던 중 <조선일보>사에서 사장으로 취임해달라는 간청을 받자 이번에는 언론으로 한 판 겨루기로 생각을 굳혔다. 그가 사장에 취임하고 첫 번째로 시도하기도 했고 다음 해인 1925년 4월 15일에 제1회 <전조선기자대회>를 여는 것이었다.

<민립대학> 창설이 <조선총독부>가 <경성제국대학> 개강이라는 선수를 쓰는 바람에 물거품으로 돌아가자 월남은 어쩌는 수 없이 한 발 물러설 수밖에 없었지만 그렇다고 그냥 팔짱을 끼고 있을 수는 없었던 것이다. 무언가 새로이 힘을 내어 보다 근본적으로 일본제국주의를 뿌리째 뒤흔들 묘책이 없나 하고 강력히 정면으로 맞서는 도전의 수단을 모색해야 되겠다고 한 발 물러섰다. 우선 그런 것을 마련할 시간적 여유가 필요했다.

그런데 <민립대학>의 취지에 있어서도 월남은 신중하게 재고 또 재고하여 이제는 틀림이 없다고 결정한 다음에야 일을

진행시키는데 반해 남강 이승훈은 이것이 옳다고 생각하면 그대로 밀고 나가는 돌진형이다. 그러니까 월남은 총사령관격이고 남강은 일선 부대장격인 셈이다. 그래서 <경성제국대학>이 먼저 선다고 했을 때에도 남강이 기성회 간판을 당장 떼어 버리려고 했을 때 월남은 그렇게 서둘지 말고 우선은 좀 놔 두었다가 천천히 떼자고 했던 것이다.

월남은 썩고 낡은 벼슬아치들의 사회에서 시달려오며 또 일본제국의 갖은 방해로 뜻했던 일들 곧 일본의 침략에 대한 항쟁이 항상 당하자 이제 무리를 하면 오히려 빗겨서는 것보다 더 까다로워진다는 것도 깨닫게 되었다. 그런저런 어려움을 헤쳐오며 터득하여 살아가는 자세로서 어느 정도의 일에는 아예 체념하는 슬기도 터득했던 것이다.

따라서 저번 <민립대학> 건도 판정패 당한 사실을 깨끗하게 인정하고 더 이상 미련을 갖지 않기로 벌써 마음 속으로 작정은 했지만 남강을 비롯한 동지들의 절망감이나 실망을 저어하여 다독거리기 위해 태연한 척 했을 뿐 <민립대학>이 무위로 돌아간 것을 안 둘레의 사람들이 월남의 사기를 돋우어 주기 위해 새로운 싸움터(?)를 마련해 드리려고 애썼다.

마침 <조선일보> 본래의 창간 취지인 중립 노선을 벗어나서 친일지로 타락하려는 것이었다. 그런 것을 오히려 민족지로 180도 돌려 놓는데 온 힘을 쏟을 사람은 월남 밖에 없다고 생각한 사람은 비단 우창 신석우 뿐만이 아니었다. 많은 독립지사들의 염원이기도 하였다. 그런데 우창은 재력도 넉넉했고 <조선일보>가 친일지로 기울어지는 것을 안타까워 했었다. <조선일보>가 경영이 힘들다는 것도 알고 있었다. 마침내 <조선일보>의 경영을 맡는데 성공을 했으며 월남 이상재를 사장으로 영입하는 데도 성공했던 것이다.

월남도 마침 또 다른 항일투쟁의 길을 모색하던 차에 조금 직설적이기는 하지만 그렇기 때문에 더 신이 날 것으로 생각해서 힘이 더 솟았다. 언론으로 싸우기로 마음을 굳혔던 것이다. 물론 언론의 항쟁에 뒤따르는 것은 필화사건이다.

이승만 자유당 독재정권 때 이런 사건이 있었다. <동아일보>에서라고 기억하는데 식자공이 실수를 해서 대통령의 대자에 잘못으로 점을 하나 더 찍어서 견통령이 되었다. 가뜩이나 밉게 보던 <동아일보>가 그런 실수를 하자 일부러 그랬다고 트집을 잡아 <동아일보>사의 사장을 비롯한 간부들이 검찰에 불려가서 곤욕을 치른 바도 있었다.

일제시대 때에는 1936년 독일의 베를린올림픽 때 올림픽의 꽃이라고 하는 마라톤에서 세계 신기록으로 우승한 것은 바로 조선사람인 손기정孫基禎 선수였다. 조선의 천지는 대단했다. 환영의 노래를 짓는 등 대축제 분위기였다. 헌데 손기정 선수의 가슴에 달고 있는 일장기를 지워버렸기 때문에 문제가 커졌던 것이다. 이때 <동아일보>의 미술책임자였던 청전 이상범靑田 李象範은 물론이고 신문사 간부들이 모두 체포되어 갔다. 필화사건에서도 최고의 참극이었을 것이다. 실은 그건 조선 민족 전체의 정성이 응집된 외침이기도 했던 것이었다. 그건 일본 군국의 지배 아래 짓밟히고 있는 가엾은 어린 양의 애오라지의 울부짖음이기도 하였던 것이었다.

월남이 <조선일보> 사장으로 취임해서 첫 번째로 해야했던 일은 우선 전 조선의 기자-당시에는 신문기자는 최고의 지성인이었다-들을 단합시키는 일이었다. 그 기자들을 묶어서 항일전사로 내몰면 그야말로 보람이 있는 싸움이 되리라고 은근히 기대도 컸었다. 기회의 여신은 월남을 향해 미소 짓고 있었다. 영혼을 거듭나게 할 수 있는 것은 오로지 성신 하느님의 역사하심밖에는 없다. 하느님의 말씀으로 그릇되게 빗나가려는 기자들의 마음을 바로 잡아줄 수 있는 것은 성신 하느님 뿐이시다. 인간의 힘으로는 도저히 불가능하다. 전국에서 모여든 기자들은 좌우익-1917년 제1차 세계대전이 연합국의 승리로 끝나자 재정 러시아에서는 맑스주의자 레닌Lenin이 황제가 지배하는 제정帝政을 무너뜨리고 노동계급 독재정권 곧 공산주의 혁명을 달성했다-을 합해서 463명이 모였다. 그 중에 <조선일보> 사원은 205명으로 거의 절반을 차지하였다.

본디 러시아 공산당은 사회주의가 약소민족을 해방시킨다고 선전하여 조선을 비롯한 전세계 피압박 민족에게 퍼졌다. 조선의 지성인들인 신문기자들도 이에 현혹된 자가 많았다.

1925년 4월 15일이었다. 종로 경운동慶雲洞-지금도 그 자리에 천

도교당이 있다-천도교 강당에서 대회가 열렸다. 내걸은 구호는,

1. 죽어 가는 조선을 붓으로 그려보자!

2. 거듭나는 조선을 붓으로 채질-채찍질-하자!

두 가지로 일본 제국주의와 싸우려는 것이었다. 그들의 날카로운 감시 아래서는 최대한의 반항적인 부르짖음이었다. 그래도 언론인들이니까 그런 정도의 표현은 허용되었다고 할 것이다. 준비위원회에서는 의장 후보로 추천된 네 명인 이상재, 이종린, 안재홍, 송진우 중에 선출된 의장은 물론 월남 이상재였고 부의장은 민세 안재홍이었다. 이 대회는 사회부 기자들의 친목단체인 철필구락부鐵筆俱樂部의 협조로 우리나라 언론사상 처음으로 3일간에 걸쳐 열릴 수 있었다.

제1부에서는,

1. 언론권위에 관한 건

2. 신문 급 출판물에 관한 현행 법규에 관한 건

3. 언론 집회 결사의 자유에 관한 건

이 안건들은 물론 준비위원회에서 채택된 것이지만 월남이 결재한 뒤에 제출된 것으로 은연 중 일본제국주의의 조선통치에 대한 강력한 저항정신이 비수처럼 숨겨져 있으며 그것은 월남의 뜻이기도 했다. 말하자면 총사령관이 잠시 일선지휘관을 겸해 일선에 내세운 전사들에게 총 진격명령을 내린 셈이었다. 그렇다고 월남은 뒤에서 살살 피해 다니며 목숨을 아끼는 그런 비겁한 지휘관은 아니었다. 아흔 아홉 양이 다 우리에 있어도

잃어버린 한 마리의 양을 찾기 위해 험한 산등과 깊은 골짜기에도 달려가는 그런 자비스런 목자임을 자신하는 월남이었다.

제2부에서는,

1. 조선인의 경제적 불안에 관한 건

2. 대중운동의 발전, 촉성에 관한 건

위의 두 항목은 구체적으로 행동의 지침을 꼬집어 밝힐 수는 없으나 다분히 사회주의적인 냄새가 풍긴다고 할 수 있다. 그 시대의 분위기에 알맞는 안건인지 모르겠다. 모든 항목은 한 조목 한 조목 면밀히 따지면서 결정해 나가는 식의 축조토의였다. 그러니까 그 토의하는 가운데 일본의 조선통치를 성토하자는 것이 제1회 전 조선기자대회의 숨겨진 진짜 목적이었다.

제1부는 근대 민주주의 독립국가가 지향하는 정치의 목표

제2부는 사회주의 정부의 정강 정책에로의 지향점

더욱이 제2부의 경제정책에 있어서는 조선의 살찐 땅을 빼앗은 동양척식주식회사東洋拓植株式會社의 착취방법을 규탄하려는 의도가 노골적으로 눈에 띄었다. 그 일제의 노골적인 착취에 문전옥답을 빼앗기고 남부여대로 만주의 황량하고 거칠은 원시림이 펼쳐진 척박한 땅에 목에 풀칠을 하려고 서 북간도西北間島에 흘러가는 슬픈 운명 결코 타고 난 숙명이 아니고 강요된 운명에서 하루 속히 해방되려고 몸부림치는 빼앗긴 조선농민들의 실정을 밝혀 놓았다.

그건 일제의 심장에 꽂으려는 날카로운 창날이었다. 대회의

분위기는 험악했다. <조선총독부> 정책의 잔학상을 기탄 없이 닦아세웠다. 사회를 보는 민세 안재홍 부의장도 열렬한 애국자이며 독립투사라 오히려 분위기를 돋구었다. 불난 집에 부채질을 하는 셈이었다. 허나 회의는 순조롭게 진행되지는 않았다. 우익쪽에서 발언을 하려면 좌익쪽에서 야유를 퍼부었고 좌익쪽에서 발언을 하려면 이번에는 우익들이 책상을 두드리는 등 발언이 자꾸 중단되었다.

그러자 마지 못해 사회의 명수라고 불려지는 월남 이상재에게 회의 진행을 맡아달라고 간청을 했다. 그렇지 않아도 뒷자리에 앉아서 회의가 되어 가는 꼴이 심상치 않아 걱정하던 월남이 이제는 내가 나서야겠다고 생각하던 판인데 연락이 오자 성큼 일어나서 단 위로 올라갔다. 더욱이 좌익들이 말썽을 더 부렸다. 실은 바로 그때 아서원에서는 조선공산당의 창립총회가 열리고 있었으며 좌익들은 그것을 간접 지원하기 위해 기자대회를 지연시키고 있었던 것이다. 민족진영 측은 그 사실을 알 리가 없었다.

단상에 올라간 월남 이상재는 한동안 물끄러미 청중석을 내려다 보고 있었다. 월남은 위엄을 갖추고 있었으나 좌익들에게 쉽사리 먹혀들지는 않았다. 아버지도 자기와 사상이 다르면 반동으로 모는 세상인데 월남 따위가 두려울리는 없었지만 그러나 달랐다. 자연히 갖추어진 인품 말하자면 품격이라고나 할까, 지니고 있는 위엄스러운 인간적 무게에 자신도 모르게 고개 숙

여지는 그런 엄숙함이 월남에게는 갖추어져 있었다.

"핫핫하하하."

갑자기 웃음을 터뜨리자 모두 영문을 몰라 어리둥절해서 조용해졌다. 웃음소리가 너무 커서 떠들던 사람들도 그 웃음의 뜻이 무언지 궁금했다.

"죄송하오 하두 어이가 없어서 그만 실례했소이다! 용서하시구려!"

월남은 조용히 관중석을 한 바퀴 둘러보았다. 이제 청중의 분위기를 완전히 손아귀에 넣었던 것이다. 그런 기법은 배워서 알게 된 것이 아니고 타고난 것이었다. 말하자면 학이지지學而知之가 아니고 생이지지生而知之였던 것이다.

"장내가 조금 소란스러운 것 같으니까 사회자의 독단 같지만 감찰을 한 두 사람 뽑는 것이 좋을 것 같은데 어떻겠소?"

"좋습니다! 찬성합니다!"

"그럼 선출하는 방법을 동의해 주십시오!"

"의장이 자벽自辟하십시오!"

회원 전원이 찬성했다.

"좋습니다."

월남 이상재는 가장 떠들던 사람을 감찰로 지명했다. 소란을 원천적으로 봉쇄했던 것이다. 다음부터 회의는 일사천리로 진행되었다.

<제1회 전조선기자대회>는 다음과 같은 결의문을 채택하고

월남 이상재의 사회로 원만하게 끝났다.

<전조선기자대회 결의문>

・의안 제1부

1. 우리는 친목과 협동을 공고히 하야 언론의 권위를 신장발휘하기를 기함
2. 신문 및 기타 출판물에 관한 현행 법규의 근본적 개선을 기함
3. 언론 집회 및 결사의 자유를 구속하는 일체 법규의 철폐를 기함-이 조항은 발표금지-

・의안 제2부

1. 동척을 위시하야 현하 조선인 생활 근저를 침식하는 각 방면의 죄상을 적발하야 대중의 각성을 촉함-이 조항도 발표금지-
2. 대중운동의 적극적 발전을 촉성함

4월 16일 조선기자대

그렇게 제1회 전조선기자대회가 성공적으로 끝나고 또 조선 최초로 방송이 송출되기도 하였다.

맨 처음의 방송도 역시 월남이

20세기와 21세기의 시대는 전파매체와 전자시대라고 할 것이

다. 대통령선거를 비롯한 각종 선거의 성패가 텔레비전 토론으로 당락이 좌우될 뿐 아니라 유권자들의 시선도 텔레비전에 비춰지는 입후보자들의 입술에서 흘러나오는 말 한마디 한마디에 귀를 기울이고 있으며 그 사람의 표정은 물론이고 모든 동작에 의해 투표를 결정하게 된다. 따라서 현금의 선거는 오로지 텔레비전이 좌우한다고도 할 수 있다.

물론 그 입후보자들의 정치적 경륜이나 정치적 견해 곧 정책 등이 주요 이슈가 되지만서도. 한편 물건을 사고 파는 이른 바 홈쇼핑도 일체 집에서 인터넷으로 주문도 하고 배달도 한다. 그리고 편지도 이메일로 주고 받는다. 그러니까 이제 우리들의 모든 생활이 전파매체로 해결할 수 있다는 이야기다. 그 방송의 시발인 전파가 송출되기 시작한 것이 1927년 2월 16일 <경성방송국>이 처음으로 라디오방송 전파를 내보냄으로써 우리나라에서도 전파매체의 새 시대가 열린 것이다. 그것은 <조선일보>에 의해서 비롯되었다. 물론 그 주역은 월남 이상재였던 것이다. 그런 점에서도 월남은 기록에 남을 만한 새로운 시대의 선각자였다. 이제 안방극장이라는 멜로드라마로 조남사의 청실홍실이 공전의 히트로 모든 가정 주부들의 인기를 독차지하면서 남대문시장과 동대문시장의 장사꾼들과 이발관과 미용원의 주인들과 손님들을 매료시키기도 했던 것이다. 그러다가 텔레비전 시대가 시작되고 비록 라디오 매체이긴 하지만 동아방송국, 문화방송국, 동양방송국 등과 기독교방송국 등 상업방송국 및 특수,

종교방송국 등이 생기면서 바야흐로 전파매체 시대는 펼쳐졌다.

그리고 <동아일보>의 부설로 동아방송국에서 개국프로로 이른바 실록물인 다큐멘타리로 한국근대풍운사인 <여명80년>을 송출하면서 태평양전쟁, 광복 20년 등 실록물시대가 이루어졌다. 물론 문예물을 위한 명작극장 등의 방송을 내보내는 등 방송에 있어서도 예술적인 제작을 시도하였으며 심지어 텔레비전 작품에서도 문예물을 방영하는 실험도 이루어지고 있다. 바야흐로 전파매체의 전성시대를 예고하고 있었던 것이다.

따라서 전자라는 첨단기술인 아이티I.T. 산업이 휩쓰는 곧 초현대적인 산업사회가 이루어진 것이다. 이른바 소프트웨어가 세계를 지배하게 되었다. 그리하여 전화도 이제 유선이 아니라 셀폰이라고 휴대용으로 모든 사람이 조그마한 장난감 같은 손안에 드는 것으로 가지고 다니면서 길에서나 자동차 안에서 심지어 운전하면서 원거리에 있는 사람들과 말을 주고 받게 되었다. 참 편리한 세상이 된 것이다. 그러다가 아마 기계가 사람을 지배하는 세상이 될지도 모른다.

그건 그렇고 그 전파의 이기가 이 지구에 나타나기 시작한 이른바 방송을 월남 이상재가 맨 처음에 이땅에서 첫 단추를 눌렀다는 것이 중요한 것이다. 그렇게 월남 이상재는 항상 세상의 앞장을 선 사람이기도 하였다.

<신간회新幹會>의 회장을 억지로

월남을 살리는 길

유석 조병옥維石 趙炳玉과 벽초 홍명희碧初 洪命熹는 결국 우창 신석우于蒼 申錫雨를 찾아가서 최종적으로 부탁하는 수밖에 없다고 결론지었다. 민족주의 진영과 사회주의 진영을 통합해서 항일운동 단체를 만드는 데는 가까스로 합의가 이루어지고 그 이름을 역시 <신간회>로 짓고 당국인 <조선총독부>의 공식 허가도 얻을 수 있게 되었지만 정작 그 대표가 될 만한 실제 인물을 물색하던 중 역시 좌우를 잘 다스릴 수 있는 인물로 월남 이상재 밖에 없다고 여겨져 두 주동인물인 유석, 벽초 두 사람이 이상재의 자택인 재동으로 찾아 갔더니,

"두 분이 나를 그런 막중한 단체의 책임자로 뽑아 주신데 대

해 감사하게 생각하오만 나는 이미 늙었고 또 나보다도 훌륭한 분들이 많을 터이니 나는 좀 조용히 쉬게 놔두시구려!"

"아닙니다. <신간회>란 고목나무에 새 싹이 튼다구. 이 벽초가 이름을 지었지만 실제 위에서 다스려줄 지도자가 계셔야 하지 않겠습니까. 그래 설라무니 월남 선생께서는 구 한말에 고관도 지내셨고 또 기독교청년회의 총무도 지내셨고 게다가 <조선일보> 사장님도 역임하시고 명시화자시구 웅변가이시구 하고… …. 아무리 둘러 보아도 최적격자이시니 꼭 맡아 주셔야겠습니다. 사양치 마십시오."

"그렇습니다. 월남 선생님께 더더욱 우리 사회주의 진영에서도 간청하는 바입니다."

"모처럼 두 진영이 합친 단체이니 사양하시면 독립을 하지 않으시겠다는 뜻으로 생각할 수밖에 없습니다."

"글쎄 나도 웬만하면 이런 좋은 기회에 꼭 돕고 싶소만 건강이 하도 나빠서……. 용서하십시오."

"정말 안되겠습니까?"

"용서하십시오."

그리고서는 숫제 드러눕는 것이었다. 그러자 유석과 벽초는 하는 수 없이 자리를 뜨고 말았던 것이다. 밖에 나오자 유석이 한 길로 나오면서,

"벽초. 이제 단 한가지 길 밖에 없소."

"뭐요?"

"우리 이 길로 우창댁으루 갑시다. 그 사람에게 매달리는 수밖에 없소."

"응 참. 그걸 잊었군."

그러자 두사람은 마침내 월남을 움직일 수 있는 사람은 월남의 최측근인 신석우 밖에 없다고 생각했던 것이다. 그리하여 그 길로 우창 신석우네 집으로 직행했던 것이다. 그런데 거기에는 민족진영의 중요인사들이 여럿 모여 있었던 것이다. 그런데 그곳에는 좌옹 윤치호도 동석해 있었다.

"아니, 좌옹 선생도 계셨군요."

윤치호는 두 주요인사들이 함께 들어오는 것을 보고 필시 재동으로 월남을 찾아갔다가 별로 신통한 대답을 받지 못해 그의 최측근인 우창 신석우를 찾아와서 매달릴거라 짐작했었다. 좌옹은 그들을 반갑게 맞이하면서,

"두 분 정말 수고하십니다. 역시 거절하시지요?"

"좌옹 선생, 어떻게 아세요?"

유석이 반 놀라면서 되물었다.

"그분 지금 모든 걸 집어치고 쉬고 싶어서 그랬을 겁니다."

"역시 좌옹은 월남과 오랫동안 함께 일을 하셨으니까 그분의 마음 속을 꿰뚫고 있군 그래."

그 자리에서 윤치호를 비롯해서 수주 변영로樹州 卞榮魯, 위당 정인보爲堂 鄭寅普, 가인 김병로佳人 金炳魯, 고하 송진우古下 宋鎭禹 등이 빙둘러 앉아 있음을 보고 벽초는,

"민족진영의 거물들이 다 모여 계시는군요. 또 누굴 기다리시는 모양이죠?"

물론 새로 생기는 <신간회>에 대해 모두 그 의의와 존속성을 난상토론하고 있었던 것인데 그 <신간회> 조직에 열성적으로 뛰어 다닌다는 소식을 듣고 있는 두 주요 인사인 유석과 벽초가 나타났으니 새삼 긴장할 수밖에. 고하가 운을 뗐다.

"정말 잘 오셨소. 그렇잖아도 두 분께서 좌우 합동의 정치단체를 만드시느라고 애쓰신다고 들었는데 우선 치하부터 드리고……. 우린 지금 그 단체의 홍보를 맡을 분으로 누굴 정할까 하고 의논하다가 아무래도 성재 이관구가 가장 적임자라고 결론을 졌던 참이오."

벽초가 무릎을 치며 동의한다는 뜻으로,

"역시 모두 가장 적임자를 골랐군요."

"헌데 월남 선생이 뭐라고 합디까? 연로하시니까 사양하시죠?"

"별별 이유를 들어 강권했지만 설득에 실패해서 최종적으로 우창한데 부탁하려고 이렇게 왔수다. 우창 어떻게 안되겠소?"

좌옹이 나선다. 그는 <독립협회> 때부터 월남과 함께 사회개혁운동과 독립운동을 같이 해온 동지였던 것이다. 그러니까 월남을 가장 잘 아는 축이었다.

"내가 알기에는 그 분은 마지막 선비로 그야말로 청백리의 상징적인 사람으로 곧고 백성들을 위해서는 목숨 따위는 초개같이 여기는 분이지요. 아마 존경스러운 지도자인데 하지만 일단 결심을 하면 누가 뭐래도 마음을 바꾸시지 않을걸요!"

그 좌옹 윤치호는 월남이 세상을 뜨자 이런 조시弔詩를 지어서 슬픔을 사른 바가 있다.

寂寞韓山月 先生去不歸
八十風浪息 芳命與日輝

막막한 한산달에 선생은 가시고 돌아 오지 않네
80세에 바람과 물결이 쉬니 꽃다운 이름해와 함께 빛나네.

평생을 같이 사회와 나라를 위해 쌓아 온 스승이며 동지인 월남을 잃은 좌옹 윤치호의 슬픔이야 누가 감히 헤아릴 수 있겠는가!

이윽고 이관구가 나타났던 것이다. 유석이 성큼 일어나서 이관구의 손을 꽉 잡는다.

"이동지 잘 왔소. 그렇지 않아도 우창이 월남 선생을 설득하면 동지에게 우리 <신간회>를 전 조선에 널리 알려달라구 부탁할 참이었는데……."

"내가?"

"동지 말고 누가 또 있갔소? 하하하……."

이관구는 <신간회>의 홍보요원으로 평양에 가서 술고래인 그가 술을 한 잔도 못하는 평안남도 책임자인 고당 조만식을 만나 추태를 부린 일화도 남겼던 것이다. 그러나 월남이 서거한 다음 그는 이런 추모시를 지어서 슬픔의 뜻을 가슴 속에 살랐다.

추모시

흰 터럭 푸른 마음
구원의 청년이어
앞 뒤 절벽 어둠 길에
횃불 밝힌 선지자여
한 팔로 기우는 국운을
떠받치고
또 한 팔로 희망 찬 젊은이
이끌으신
거인의 씩씩한 모습
이 자리에 우러러 뵈신다

이관구는 뒤에 <대한언론인회>의 회장과 <재건국민운동본부장>도 지낸 바 있는데 이때는 아직도 젊은 언론인으로 활동하고 있었다. 그 이관구가 여러 명사들 앞에서 자랑스럽게 자기가 존경하는 월남의 한시 중 <취운음>이라는 오언절귀를 읊고 그 풀이까지 늘어 놓았다.

翠雲吟

一可亭前月
使人不得眠

徘徊還獨坐
無語仰青天

松間晨出月
正是不眠時

隱映如相對
我心我自知

취운음

<일가정> 앞의 달이어!
사람으로 하여금 잠못 이루게 하네
서성거리다 돌아와 혼자 앉아서
말없이 푸른 하늘 우르네
소나무 사이에 새벽에 나오는 달
이 때가 바로 잠못 이루는 때일세

숨었다 나타나서 마치 서로 기다리는 것 같은데
내 마음은 내가 스스로 아네.

(지은이: <일가정>은 가회동 1번지 취운정 안에 있던 작은 정자)

"이 자리에 계신 분들이야 한문에도 조예가 깊으시니까 새삼 풀이하지 않아도 그 뜻을 잘 아시겠지만 구태여 알기 쉽게 요약하면 중종 때의 송도-개성-3대 명물이었던 화담 서경덕花潭 徐敬德과 명기 황진이黃眞伊와 그 아름다움을 다툰 박연폭포의 웅장함을 노래한 한 폭의 그림과도 같다는 거죠!"

화제가 이상하게 돌아가자 정작 유석과 벽초가 우창을 찾아온 본 목적이 빗나가는 듯하고 분위기가 이상하게 돌아가는 것 같아 그 기미를 재빨리 눈치 챈 고하가 이래서는 안되겠다고 생각해서,

"자아 자아 유석과 벽초가 우창을 찾아 온 뜻이 월남 선생께서 <신간회>를 이끌어 주십사 하는 것 같은데 정작 두 분의 뜻은 저버리고 월남 선생 칭찬만 하고 있으니 두 분께 미안하지 않소?"

말문을 우창 신석우에게 돌려서,

"우창 이제라도 재동으로 월남 선생을 찾아 뵙고 간절히 부탁해 보시구려!"

"그러지요."

그러자 이번에는 또 유석이 신석우에게,

“우창! 월남 선생님이 꼭 <신간회>의 회장직을 맡아 주십사고 부디 말씀드려 주시오.”

“부탁하오 나두!”

벽초도 중언부언 부탁하는 것이었다. 그리고 모두들 그날 저녁은 각각 집으로 헤어져 갔다

이름 뿐인 총수

〈신간회〉 회장 재임 중 세상을 뜨다

벽초 홍명희, 그는 재사로 이름났으며 조선시대의 모든 벼슬의 이름을 빠짐 없이 적음으로써 유명한 실록소설 『임꺽정』의 작가이며, 일찍이 일본의 서울인 도쿄에 유학할 때 육당 최남선, 춘원 이광수와 더불어 3대 천재로도 널리 알려졌다. 일찍이 <오산학교> 교장도 지낸바 있으며 해방 뒤에는 북조선 인민공화국 부수상으로도 있었다.

하여튼 <신간회>는 일본 정부의 앞잡이 기관인 <조선총독부>가 공식으로 허가한 합법적인 조선의 정치단체이며 조선인 측으로 보아도 국내에 있어서는 좌, 우익인 민족주의 진영과 사회주의 진영이 손을 잡고 통일전선을 형성한 처음의 항일 정치단체였다. 어찌하여 그런 위험한 단체를 허가 하는가? 일본측으로 볼 때 두 가지로 풀이 할 수밖에 없다.

첫째, 1919년의 기미년 독립만세 사건으로부터 팽배해진 조선민족의 애국 정신을 어느 정도 달래 주기 위한 유화정책의 위장술책으로써였고,

둘째, 지하에 숨어서 항상 말썽을 부리는 사회주의와 공산당의 활동을 백일천하에 드러내놓게 함으로써 일단 유사시에는 즉각 체포할 수 있다는 얄팍한 잔꾀로써의 이점으로써가 아닌가하는 점이었다.

또 조선의 독립운동가들로서는,

첫째, 사회주의 진영으로서는 아무래도 국내에서는 백성들의 존경을 받고 있는 대다수 지도자가 거의 민족진영임을 감안해서 그들의 존경심에 빌붙어서 이득을 보고 그럼으로써 혹독한 탄압을 피해보자는 속셈이었다.

둘째, 민족진영으로서는 좌익도 같은 피가 흐르는 우리의 민족이므로 마침내는 해방 뒤에는 손을 잡고 한 나라를 건설해야 하는 운명이므로 우선은 포옹하자는 생각에서였다. 물론 이 <신간회>에 참여한 진영은 좌파라도 철저하게 완전독립을 열망하는 측이었다. 가능하면 자치도 좋다는 개량주의적인 민족진영 우파는 배제되었었다.

사회주의 혁명을 완수한 소련의 레닌은 약소 민족의 해방을 위해 투쟁한다는 국제 공산주의 인터내셔널의 기치를 높이 들

고 강국 일본에게 나라를 빼앗긴 아시아의 약소 민족 조선에도 손짓을 해왔다. 따라서 나라를 잃고 절망 속에 헤매던 조선의 지식청년들은 레닌의 달콤한 마약에 속아 넘어가서 도처에서 사회주의 연구에 날을 새우고 있었다. 곧 새로운 구국의 사조에 휩쓸렸던 것이다. 더욱이 일본의 서울 도쿄에 유학 중인 조선인 학생들은 그 열기가 대단했다. 독립운동가들 속에도 그 새 사상은 민족을 해방시키는 유일한 희망이라고 마치 구세주나 만난 것처럼 붙들고 늘어졌다. 조선의 애국운동가들도 역시 그 좌익 사상에 물들기 시작했다. 그런 뜻에서도 일본정부 역시 2보 전진을 위한 1보 후퇴라는 술책인지 모르지만 좌우합작의 <신간회>의 결성을 허가하기에 이르렀던 모양인지 모른다.

민족진영의 지도자들 가운데서도 그 새로운 사조에 휩쓸려 들어갈지도 모를 젊은이들을 염려해서 사회주의에 물들기 전에 한시라도 빨리 포섭해야 한다고 생각해서 어떤 형태로든 간에 함께 어울려서 독립운동을 전개해야 한다고 궁리하던 중에 관변측인 <조선총독부>에서 민족주의 진영과 사회주의 진영의 하나의 공식적인 정치단체의 결성을 허가한다니 그건 불감청이나 고소원이라고 얼씨구나 좋다 했다.

1927년 3월 15일 <신간회>는 회장으로 추대 받은 월남 이상재가 와병 중이라 부회장으로 내정된 홍명희의 사회로 종로에 있는 <조선기독교청년회>에서 창립총회를 열고 정식으로 발족하였다. 그 전에 민족주의 진영을 대표해서 유석 조병옥과 사회주의 진영을 대표해서 벽초 홍명희가 월남 이상재를 찾아가서 회장이 되어주기를 간청했으나 월남은 자기는 늙고 병약하기 때문에 그런 중책을 감당할 수 없다고 극구 사양했다. 두 사람은 그 집을 물러 나오자 생각 끝에 월남과 친분이 두터울 뿐 아니라 사사로이도 가장 가까운 우창 신석우에게 부탁하는 것이 좋을 것이라고 의논이 되어 부탁하였다. 신석우는 선뜻 승낙을 하고 곧 월남을 찾아갔다.

"어쩐일이요? 우창!"

"왜 못올 데를 왔습니까! 선생님 건강도 어떠신가 염려되기두 하구해서……."

"나야 그럭 저럭 잘 있지 뭐!"

우창이 불현듯 찾아온 것이 아무래도 심상치가 않아서,

"무슨 일이야? 시원스럽게 얘길하게!"

신석우는 새삼스럽게 정색을 하며,

"선생님! <신간회>의 회장직을 꼭 맡아주셔야겠습니다!"

"허허허……. 또 그 소린가! 내 지난 번에 유석과 벽초가 왔을 때도 나이 들구 병도 있어서 못 하겠다구 잘라 사양했는데……. 내가 지금 이 몸으로 누굴 위해 일을 할 수 있겠는가!"

숨을 길게 내쉬며,

"다시는 그런 말 꺼내지 말게!"

"선생님! 왜놈덜과 싸우시는 게 그렇게 무섭습니까?"

"뭐이?"

그제서야 월남의 마음이 움직이기 시작했다는 것을 재빨리 눈치챈 우창은,

"선생님이 안 나서시면 청년들이 따르지 않을 겁니다."

월남의 깊은 소망의 정통을 찔렀다.

"뭐? 정말 그럴까?"

우창은 이미 승낙한거나 다름없다고 단정하고 나서,

"물론이죠! 불을 보듯 뻔합니다!"

늙은 청년 월남 이상재가 청년이라는 말에 깜빡 죽는다는 것을 잘 알고 있는 우창 신석우는 아예 다짐을 해놓아야겠다고 생각해서,

"그 청년들은 선생님을 하늘 같이 따르구 있으니까요!"

"그럼 겨레에 대한 마지막 봉사루 생각하구 맡아 볼까!"

쇠뿔은 단김에 빼라했던가!

"그렇구 말구요! 청년들을 위해서라도 선생님이 꼭 나서야 합니다!"

그렇게해서 월남 이상재가 한국 최초의 좌우합작 통일된 한일정치단체인 <신간회>의 회장직을 맡게 된 것이다. 이때의 <신간회> 발기인은 권동진, 김준연, 이갑성, 문일평, 신석우, 신채호, 안재홍, 장지영, 조만식, 홍명희, 박동완 등 28명이었는데 주동적으로 추진한 조병옥, 명제세 등이 발기인에서 빠진 것이 약간 의아스럽지만 더 중요한 <간사>로 임명된 것으로 납득이 간다. 또한 여성지도자로 김활란이 들어있다. 창립총회에서는

다음과 같은 강령과 정책도 채택되었다.

<강령>

1. 우리는 정치적, 경제적 각성을 촉구함
2. 우리는 단결을 공고히 함
3. 우리는 기회주의를 일체 부인함

제3항은 자치권을 허용 받는 것으로 만족하자는 이른바 민족 진영 우파의 개량주의 노선을 배격하는 정책적 단호성을 강조한 것이다.

<당면 정책>

1. 언론 집회 출판 결사의 자유
2. 고문제 폐지, 재판의 절대 공정
3. 부당 납세 반대
4. 동양척식주식회사 폐지

동척은 경제적으로 조선인의 재산을 착취하는 주범이었으며 그로 말미암아 수많은 조선인 동포가 땅을 빼앗기고 황량한 만주의 미개지로 방랑의 길을 헤매야 했다. 그리하여 나석주 의사가 동척에 폭탄을 터뜨리는 쾌거-일본측으로 보아서는 참극-도 있었던 것이다. 당면 정책은 이어진다. (5～17 중략)

18. 일체 학교 용어의 조선어 사용 (19 생략)

20. 여자의 법률상 및 사회상의 차별 철폐

등과 8시간제 노동, 여자의 인신매매 금지 등 모두 24개항의 요구조건이었다. 일본정부와 그 파견 기관인 <조선총독부>로서는 도저히 받아들일 수 없는 조항들도 많았다.-그것은 금지되었지만- 그러나 일단 활동이 공식적으로 허용된 만큼 독립운동의 지도자들로 조직된 <신간회>는 고기가 물을 만난 것처럼 자유로움을 한껏 누리며 활동하려고 했다.

<신간회>가 일반 정치단체처럼 발당되자 정강 정책을 수행하기 위해 정치단체의 조직부서를 갖추지 않을 수 없었다. 서무부, 재정부, 출판부, 정치문화부, 조사연구부, 조작부, 선전부 등 7개의 부서를 두었고 그래도 중요한 정치문화부는 민족주의 진영의 대표로 우창 신석우가 조직부는 사회주의 진영의 대표로 벽초 홍명희가 각각 책임졌다. 그리고 선전부에서는 성재 이관구가 전국 각 지방을 돌면서 <신간회>의 조직 경위와 강령 당면 정책과 사명과 지향점을 자상하게 풀이하였다.

또한 조병옥과 안재홍과 조헌영趙憲泳-가장 발언이 뛰어났던 제헌국회의원이며 유명한 시인 조지훈趙芝薰의 선친이기도 함-윤보선, 정칠성, 이원혁, 이종린, 이병헌 등 당시의 쟁쟁한 지사들이 총동원되어 전국의 각 도시를 돌면서 <신간회>를 중심으로 뭉쳐 일제와 싸울 것을 역설했던 것이다. 그들은 또 전국 방방곡곡을 누비며 전 국민이 모두 솔선하여 <신간회>에 들어 힘을 보태는 것이 곧 독립을 앞당기는 것임을 힘주어 말했다.

안재홍은 경상북도 상주尙州의 집회에서,

"1919년 독립운동-3 · 1만세 사건을 가르킴-은 우선은 실패로 끝났다고 볼 수 있을지 모르나 정신적으로 우리 민족에게 준 교훈은 대단하다……. 장차 전 민족이 단결로써 실제 행동을 취할 필요가 있다. 오늘과 같은 교육제도는 모두가 일인 위주이며 조선 민족의 정신을 소멸시키는 것이므로 조선인에게는 조선인을 위한 교육을 시켜야 할 것이며……. 또한 산업 교통의 제 정책을 보면 거의가 일본인 위주로 수립되고 있다. 우리 조선인을 새롭게 하라!"

또한 홍보요원으로 동분서주하던 이관구는 <신간회>의 성격을 <조선일보> 논설위원으로 있으면서,

"<신간회>는 한 마디로 말해서 견실한 민족단일전선으로 일제의 탄압에 대처하기 위한 민족주의 급진세력과 사회주의 세력의 합작을 위해서 발생한 것이라고 볼 수 있어요. 그리고 그 성립에 있어서 당시 좌익에 대한 탄압이 심해 일부 좌익세력은 지하에 숨어 들어가고 표면에 나타나지 못하게 되어 이들이 공산당으로 되고 말았던 것이죠. 거기에다가 일부 민족주의자들은 개량주의-일본 <총독부>의 회유에 넘어가서 최대한의 자치를 수용한다는 타협적인 굴복으로 일부는 사회주의로 나서게 되었는데 이 양 세력을 규합하기 위해서 <신간회> 운동이 필요했던 것입니다.

<신간회>란 우연히 나타난 것이 아니고 역사적인 산물이었다고 볼 수 있습니다. 하지만 점차 좌익세력의 주도권 쟁탈로

그 수습이 어려워지자 광주학생사건光州學生事件-일본인 학생이 조선 여학생을 놀리자 그 사촌 오빠가 그 일본 학생을 두들겨 주었다. 결국 그것이 한일 두 민족의 학생간의 패싸움으로 번졌다-을 계기로 일대 민족운동을 일으켜 화려한 막을 내리면서 자폭하는 전략도 일어났습니다."

너죽고 나죽자! 라든가 사촌이 땅을 사면 배 아프다 따위 속담도 꼭 버려야겠지만 못 먹을 떡 침이나 뱉어라 라는 버려야 할 속담도 있었다. 공산주의자들은 일단 자기네에게 불리하면 파투를 친다. <신간회>는 그렇게 희생이 된 경우가 아니라고 할 수 있을 것이다. 그러나 창설 당시에는 제법 체제를 갖추고 의욕적으로 움직이려고 힘을 쏟았다.

<신간회>의 태동은 1926년 7월 8일 물산장려회 운동을 추진하던 조만식 등 민족주의자들과 서울청년 회계의 사회주의자들간에 협동전선을 만들자는 논의가 성립되어 조선민흥회朝鮮民興會를 발기했었다. <신간회>는 강령 3개항, 규약 25개조, 대회규정 13개조, 지회규정 14개조로 규약을 정했다.

창립총회는 홍명희의 개회선언에 이어 의장인 대회준비위원장에는 신석우가 선출되었다. 서기에 김준연, 신현익申鉉翼, 장지영張志暎 3인이 사찰에 권태석權泰錫 등 11인이 선출되었다.

뽑힌 각 부서 책임자는,

서무부장 ………… 권동진

재무부장 ………… 박동완

출판부장 ………… 최선익
정치문화부장 …… 신석우
조사연구부장 …… 안재홍
조직부장 ………… 홍명희
선전부장 ………… 이승복

등으로 실무부서가 짜여져 그 기대가 자못 컸었다. 그리고 회원이 39,910명이나 가입했는데 그러나 그들이 실력을 발휘하기 전에 그만 해산명령이 떨어지고 말았다. 그리고 월남 이상재는 병석에서 일어나지 못하고 1927년 3월 29일 78세를 일기로 그렇게도 그리던 하늘나라로 돌아갔다. 큰 별은 영원히 하늘 저 쪽으로 사라졌다.

장엄莊嚴한 사회장의社會葬儀

큰 별 떨어지다

밤비가 구슬피 우는 어둠 속에서 장의위원회 협의기구가 구성되었다. 1927년 3월 27일 하오 11시 45분 하필 밤비는 더 구슬프게 흐느끼고 있었다. 그야 그럴 것이 하늘도 무너지고 땅도 꺼졌으니까!

아무리 하늘 나라에서 급히 모셔가야 할 필요가 있더라도 이 지구상의 조선이라는 고요한 아침의 나라 백의 민족이라는 겨레에서는 아직 할 일이 너무 많은데 말이예요! 야성의 거인 커다란 그림자를 드리우는 거목을 싹뚝 잘라 버렸으니! 정말 하늘도 무심하시지!

월남 이상재가 숨을 거두었다는 소식이 전해지자 다음 날 새

벽에 <조선교육회>와 <신간회>의 간부들은 서로 협의한 결과 종교 교육 실업 언론 및 청년사상 각 단체에 사람을 보내 뜻을 모아 장례 절차에 대해 의논하기로 하였다. 다음 날인 30일 저녁 5시에 일단 장례사무실을 수표교의 조선교육회 사무실에 두기로 잠정 결정하였다. 윤치호, 권동진 등 두 원로 가운데 누구를 위원장으로 하느냐 의논한 결과 윤치호가 극구 사양하여 권동진이 의장이 되었다. 장의위원은 우선 30명으로 하기로 하였으나 형편에 따라 점차 증원이 되어 장의위원의 증감은 장의위원회에 일임하기로 하였으며 사무실은 그대로 <조선교육회>를 그대로 사용하기로 했다.

상청喪廳 뒷방에서는

젊은 사람이 상처를 하면 <영구>를 모신 뒷방에서 가까운 친구들이 상처한 친구를 새 장가 보낼 의논을 한다고 들었는데 위대한 민족의 거목이 돌아가자 장례식을 의논하는 방에는 고인의 생전에 남기신 일화들을 간추리는 것으로 시간을 보내는 것이 예의인지 모르는 일이었을 것이다.

마침 월남과 가장 가까웠던 좌옹 윤치호, 우창 신석우와 정계의 거물 고하 송진우, 법조계의 대들보 가인 김병로, 신도비를 쓰기로 한 위당 정인보, 성재 이관구 그리고 약방에 감초격인 수주 변영로 등이 모여 앉아 지난날의 월남 이상재에게 있었던 이런 저런 이야기에 꽃을 피웠다. 역시 말꼬투리는 고하 송진우가 끄집어 내었던 것이다.

"그게 아마 <조선미술협회>의 전람회 때인줄 아오만 주최측에서 당시의 일본의 최고 정치가였던 이또 히로부미 통감을 모신 적이 있었는데 그럴 때는 찰거머리처럼 옆에 딱 붙어다니는 자가 그 유명한 친일파 이완용 후작과 <일진회>의 송병준 회장이 당연히 찰싹 달라 붙어 있었는데 월남 선생님도 Y.M.C.A.의 총무라 역시 초청을 받으셔서 자리를 같이 하고 있었지요. 그때 비위가 무척 상해서 슬쩍 꼬집을 생각이 나서 '이총리 송회장 아예 일본 동경으로 이사를 하지 않고 그러시오. 두 분은 나라 팔아먹는 선수들이시니까. 그럼 일본도 팔아 먹으실텐데. 허허허…….'라고 하자 두 친일파는 얼굴이 붉으락 푸르락 하다가 슬그머니 꽁무니를 빼더란 것입니다."

그러면서 홍소를 터뜨리자 모두들 따라 웃어 재꼈다고 했다. 그런가하면 한귀퉁이에서 혼자 술을 마시고 있던 수주 변영로가 혼자 흐흐흐 웃음을 흘리고 있어서 가인 김병로가,

"아니 수주는 뭐가 그리 우습지요. 만장판에 공개를 좀 하지 그래!"

그러자 웃음을 참지 못하겠다는 듯,

"허허허. 월남 선생 짓궂기도 하시지 그래 이다가끼 조선군 총사령관이 어느날 조선의 모모 인사들과 저녁에 초청했는데 마침 그날따라 감기가 걸려서 콜록콜록 기침을 하더라는 거요.

그러면서 '미안합니다. 공교롭게 감기가 들려서 실례합니다.' 그러자 월남 선생이 '기침은 대포로는 못 고치나요?' 하고 한 방 쏘았다고 합디다. 그건 일본 군국주의를 은근히 비꼰 말이 아니겠어요?"

"하하하……."

"하하하……."

모두들 웃음보를 터뜨렸던 것이다. 그러자 이번에는 정인보가 무슨 새로운 사실을 발견이라도 한 듯,

"그러고 보니 월남 선생 오랫동안 유교도덕에 젖은 생활을 해오셔서 그랬는지 조상님들에게 제사를 지내는 것이 결코 나쁘지 않으시다고 하면서 강화도 마니산馬尼山의 단군 할아버지에게 버젓이 제사를 지냈답디다. 그러면서 '우리 기독교에서는 그러는 것이 우상숭배라고 하는데 난 절대로 그렇게 생각하지 않아요' 그러십디다. 허허허……."

그러고 보니 옛날 신라 때에 고승 원효대사가 색계色戒를 범하고도 하나도 죄책감 없이 여겼던 것과도 같은 초탈한 신앙자세를 가졌던 모양이었다. 하여튼 월남 이상재는 술도 마시고 조상들에게 제사도 지내고, 근엄한 보수적인 정통신앙의 일반 기독교 신자와는 색다른 신앙 생활을 하면서도 예수교 신자로 자타가 인정한 Y.M.C.A.의 초기 지도자로 숭앙을 받고 있었다.

이 때까지 한구석에서 술상 심부름만 하던 우창 신석우가 빙그레 웃으면서,

"그보다도 월남 선생이 예전에 박정양 공사를 따라 처음 미국에 갔을 적에……."

"아아 일등서기관으로 말이지?"

"그렇죠 그때 조선외교관들은 갓을 쓰고 두루마기 차림으로 거리를 활보했으니."

"그야 말로 가관이었겠지."

"허허허……."

"헌데 그때는 이른바 청나라와 영약삼장另約三章이라는 괴상한 조약이 있어서 외국과의 공식적인 모든 절차에서 일일이 상국인 청나라의 허가를 받아야만 했었다고 합니다. 그걸 월남 선생은 정식으로 항의해서 단독적인 외교권을 행사했다고 해요. 그리고 미국 어린이들이 조선 외교관들의 이상한 차림을 보고 졸졸 따라 다녀서 미국 경찰이 국제 의례상 모두 잡아다 가두었다는 거예요 그러자 월남 선생이 경찰에게 어린이들이 뭣두 모르고 그랬으니 모두 놓아주라고 해서 미국 신문에 그 사실이 크게 보도되어 국위를 선양했다는 거요. 이 얼마나 장한 일이 아니겠어요."

모두 감탄했던 것이다. 이때 장의위원회에서 장의 절차에 대해 문의해 왔다. 이에 다음과 같이 모든 절차를 의결해서 시행시켰던 것이다. 사무를 처리키 위해 서무 회계 의식의 상무 부서를 두고 우선 각 부서에 적당한 인원을 배정키로 했다. 다만 학생부는 조선학생회와 조선학생과학연구회가 협의하여 구성케 했다. 또한 경호부장에는 장張과 권權씨를 선정하고 중앙기독교청년회의 체육부와 조선현무회원으로써 특별 경호대를 조직케 했다. 이때 결정된 장의 절차는,

1. 발안은 4월 5일 하오 2시 영결식은 하오 4시로 결정했다.
2. 장의위원-유인원柳寅元 조 우趙 宇 양씨를 한산韓山 장지에 파견하여 산역 등 제반 준비를 시킬 것.
3. 장의 행렬 순서를 결정하였다.
4. 장의에 참가하는 단체는 2백 40여 개이고 지방에서도 1백 40여 개였다.

하여튼 월남 이상재 선생의 서거는 비단 조선 뿐만 아니라 그를 알고 지냈던 세계 각국의 유명인들의 애도 속에 그가 반평생을 믿어 왔던 하느님의 나라인 본향에서 영원히 복락을 누리며 살 것은 물론이지만 그래도 당장 그의 면모를 대할 수 없음을 서러워하여 수많은 기관 단체와 개인이 노래로 혹은 한시로 또 애절한 글로 그의 음덕을 기렸다. 여기 그 모든 것을 생략한다. 삼가 독자들의 양해를 구한다.

월남의 자랑 두어 가지

1. 한시 짓기

松京懷古

五百高麗國 悠悠一夢空
荒山雲去後 黃葉雨聲中

金佛終何力 笠民尚古風
拄笻無處問 夕照滿襟虹

옛 서울을 돌아보고

오백년 내려온 고려나라가
아득한 한 꿈으로 사라졌네

황폐한 산은 구름 흘러간 뒤요
빛바래 누러진 나뭇 잎은 빗소리 속에 젖었네
금부처가 끝내 무슨 힘이 있었던가?
삿갓 쓴 백성들은 아직도 옛 풍도일세
지팽이 세우고 물어 볼 곳 없는데
저녁 노을만 옷깃 가득히 붉게 물드네.

又

行人下馬俯荒城 滿月臺空夕照明
念昔銅駝應有跡 至今野雀欲無聲

洪基休道江河固 天命居然聖主生
五百年前當日事 靑山不語故含情

또 한번

지나가는 사람 말에서 내려 황폐한 산 굽어보니
만월대 비어 있고 저녁 노을만 밝네
옛 일 생각하니 만월대 앞에 놓여있던
구리 낙타 자리만 응당 남아 있고
임금의 기업은 강물처럼 튼튼함 말하지 말라
천명은 어느 듯 성주가 나왔네
오백년 전 그 당시의 일을

푸른 산도 말하지 않고 짐짓 정만 머금고 있네.

杜門洞

曾聞七十二賢人 斯地杜門不屈身

採蕨終餓故竹子 種桃肯學武陵民

編箕爲業村風古 立石揚暉聲德新

往跡茫茫無處聞 猶傳三性倣殷人

두문동 일흔 두 분

일찍이 일흔 두 분의 어진 사람의 말 들었는데

이곳에서 문을 닫고 몸을 굽히지 않았네

고사리 캐다가 끝내 굶어 죽은 고죽자故竹子의 두 아들

백이 숙제伯夷 叔弟와 복숭아 심어 즐겨 무릉 백성 배웠네

키 엮는 것으로 업을 삼았으니 마을 풍도 옛스럽고

돌 세워 이름 드날렸으니 임금의 덕도 새로워라

지나간 자취 아득하여 물을 곳 없는데

아직도 세 성이 전해져서 은殷나라의 어진 것 본받네.

朴淵

朴淵瀑布大興城 到此行人喫一驚

銀河直下三千尺 石字分明第一明

長天忽掛啜蝀勢 纍地俄聞闢靂聲
下有老龍潛變化 也非潛毒愛偏淸

박연폭포

박연폭포 있는 곳은 대흥성인데
여기에 이르러 나그네가 한번 크게 놀라네
은하수는 바로 삼천척이나 내려오고
돌에 새긴 글자는 제일 가는 이름일세
긴 하늘에 갑자기 무지개가 걸려 있고
졸지에 가까이 벼락소리 들려오네
그 밑에 늙은 용이 변화를 부리고 있으니
이는 독기를 품은 것이 아니라 맑은 물 남달리 사랑함일세.

獄中吟

天地雖云大 難容一個身
不生而不滅 無友且無親

堪羨曤鷄拙 休言尺蠖伸
秋風驚客夢 遙望漢之濱

옥중에서 읊음

천지를 그 누가 넓다고 말했던가

이 한 몸도 둘 수 없는데
살 수도 죽을 수도 없고
벗도 친척도 없는데
비둘기처럼 못난 것 부럽고
자벌레 일어서는 것 말하지 말게
가을 바람이 소슬히 나그네 꿈을 놀라게 하는데
저 멀리 한강 물가를 바라보네.

偶吟

織紝聲中又讀聲 野居不讓隱於城
驚蹄駿骨非同類 虱淺磯微各寄生

大壑能儲殘雪聚 虛樓專把遠山平
訪隣時囁溪水過 履薄從玆見世情

우연히 읊음

베 짜는 소리 속에 또 글 읽는 소리도 들린다
들에 사는 것 성인에 숨는 것 보다 좋다네
또한 말의 발굽과 날랜 말의 뼈는 같은 종류가 아니요
이虱의 천한 것과 서캐의 작은 것도 가각 붙어 살고 있다네
큰 구렁에 녹다 남은 눈雪이 쌓여 있고
빈 누각이 오로지 먼 산 경치 가지고 있네

이웃을 찾아 때로 시냇가를 거니노라면
살얼음 밟는 것 같은 거기서 세상 인정을 느끼네.

新正夜會

避世無關欲且榮 其身不隱隱其名
雲林雖淺猶非俗 梅鶴相盟有彼聚

近日江湖難友夢 新年野屋偶詩聲
春來萬物皆公道 爲向東風問我情

새해 밤 모임

세상 피해 있으니 욕되고 영화로운 것 상관없으나
그 몸은 숨길 수 없으나 이름은 숨겼네
숨어 사는 땅에서 비록 얕으나 오히려 속되지 않고
매화와 학과 서로 맹세하니 저 등잔걸이가 있네
요새는 강호의 벗들을 꿈꾸기도 어려운데
새해 들 집에서 우연히 시를 읊는 소리가 들려오네
봄이 오니 만물이 모두 공동인데
동풍을 향해서 내 심정 물어 보시오

又

春及山村有客傳 徘徊萬念正悠然

新醪更釀屠蘇後 好友相招小燭前

世事談來多性鑑 詩樓許與最先鞭
歌吾自唱嘲吾解 不覺傍人笑井天

또 한번

봄이 산마을에 왔노라고 나그네가 와서 점하니
망설이던 만 가지 생각이 참으로 아득하네
새 술을 다시 빚는 것은 설날 뒤이고
좋은 벗 서로 부른 것은 조그마한 촛불 앞일세
세상일 이야기하자니 지나간 거울 많고
시루詩樓에서 주고 받는 것은 가장 먼저 채찍일세
내 노래 먼저 스스로 부르고 내 아는 것 조롱하노라니
옆 사람이 우물 속 하늘이라고 비웃는 것 깨닫지 못하네.

秋宵 小感

秋天如掃淨無埃 故把山扃向夜開
鳴雁兩三何處至 却疑塞北有書來

가을 밤의 가벼운 느낌

가을 하늘 씻은 듯하여 깨끗하고 티하나 없는데
짐짓 산속 문지방이 밤을 향해 열린 것을 잡고 있네

우는 기러기 어디서 왔는가!

문득 새방 북쪽에서 편지가지고 왔는지 의심나네.

醉雲吟五絶二首-五言絶句

一可亭前月 使人不得眠

徘徊還獨坐 無語仰青天

松間晨出月 隱映如相對

正視不眠時 我心我自知

취운정에서 읊음

일가정-가회동 일번지 월남의 우거인 취운정 뜰안에 있던 조그마한 정자-앞의 달이어

사람으로 하여금 잠못 이루게 하네

서성거리다가 돌아와 혼자 앉아서

말없이 푸른 하늘 우러러 보네

소나무 사이에 새벽에 나온 달

이 때가 바로 잠못 이루는 때일세

숨었다 나타나곤 하여 서로 기다리는 것 같은데

내 마음은 내 스스로 아네.

白菊

爭艶詫榮最小差 故將淡素暗香留
寧甘志士籬邊老 肯作騷人酌裏浮

螢雪寒梅同濯濯 怕霜衆卉且休休
燐吾疎髮堪爲友 遷却西風獨喜秋

흰 국화

고움을 다투고 영화를 싫어하는 것 다른 꽃과 다른데
짐짓 담담하고 희게 그윽한 향기 머무르네
차라리 지사의 울타리 가에서 즐겨 늙을지언정
어찌 글쓰는 사람의 술잔에 띄우리
눈을 뚫는 찬 매화와 같이 깨끗하고
서리를 두려워하는 많은 꽃들은 또 말을 말라
불쌍하다 나는 성긴 터럭을 즐겨 벗하여
서쪽 바람 물리치고 홀로 가을을 좋아하네.

除夕

去年此日又今年 生寄這間我自然
七十二年何所得 鏡中霜髮白盈顚

歲新人猶舊 去舊方就新

惟天能再造 新歲見新人

그믐 밤

지난해 오늘이요 또 올해인데
이 동안 살아오면서 나는 자연스러워
칠십이년 동안 무엇을 얻었는가
거울 속에 비치는 터럭이 희게 가득찼네
해는 새로워도 사람은 오히려 옛 사람인데
옛 것 버리고 비야흐로 새 것으로 나가세
오직 하늘이 능히 새로 만들어
새 해에 새 사람 보겠네.

九龍淵

萬古金剛萬二千 化翁到此下工專
瀑流直瀉危全陸 石勢欲飛上九天

活觀峯峯皆佛骨 偏尋處處見仙緣
秘奇不肯眞容露 故教白雲擁後前

구룡연 폭포

만고의 금강산 일만이천봉인데
조물주가 여기에 이르러 솜씨를 보였네

폭포의 물 바로 쏟아져서 육지를 위태롭게 하고
물 모양은 날아서 구천으로 올라가려 하네
살아 있는 봉우리마다 모두 부처의 뼈와 같고
두루 여러 곳을 찾으니 신선의견 보겠네
비밀스럽고 기이한 것 참으로 나타내기 싫어서
짐짓 흰구름 시켜서 기리게 했네.

萬物相

六七山行裏 漸聞大水聲
不雖尋別界 處處名其名

萬物相臺座 最靈最貴人
物雖新舊別 我固舊維新

又歎造物在 萬物一無無
爲敦相傳計 千秋萬世吾

만물상

6, 7리 산길로 가노라니
점점 물소리 크게 들리네
일부러 딴 세상 찾을 것 없이
곳곳에 그 이름 제대로 지었네

만물상의 대위에 앉았으니
가장 신령스럽고 가장 귀한 사람일세
물건은 비록 새 것과 옛 것으로 구별되지만
나는 진실로 예나 지금이나 같다네
또 조물주가 있어서
만물이 하나도 같은 게 없네.
누구 위해서 서로 전하려나
천추만세의 나인데.

王孫墓

王孫古墓雨痕頻 不見王孫草自春
芳艹年年春色至 王孫仍作未歸人

왕손묘

왕손의 옛 무덤에 비 흔적 자주 있는데
왕손은 볼 수 없고 풀만 저절로 봄을 맞았네
꽃다운 풀에는 해마다 봄빛이 오는데
왕손은 그대로 돌아오지 못한 사람이 되누나.

道峰

瞻仰前而後 高峰道其新
塵心雖未滌 如對一團春

도봉산

앞과 뒤를 바라 보노라니
높은 봉우리에 도기道其가 새로워라
티끌 마음을 비록 씻지는 못하지만
마치 한덩어리 봄을 대하는 듯 하네.

七律-七言絶句

朝出城門淑氣新 此行不時愛山春
一心塵滓消磨去 別界烟霞地黙頻

斷岸時時啼柳鳥 危巖處處折花人
管來風物殆將盡 却彼東君暗暗綪

칠률

아침에 성문을 나서니 맑은 기운 새로운데
이 걸음 결코 산 속의 봄을 사랑하는 것만은 아니네
한 마음 티끌 찌끼 다 없애 버리니
별 세계의 연기와 안개 자주 앞을 가리네
깎아지른 언덕에 때때로 버드나무의 새가 울고
위태로운 바위 곳곳에 꽃 꺾는 사람 있네
풍물을 간직해 오다가 거의 장차 다하니
문득 동군-봄-이 속으로 노할까 하네.

五律-五言絕句

疇昔行過處 爲誰坐或頻
微風花欲語 細雨草含新

明日又今日 暮春猶是春
遠山雲漸近 知有意中人

오율

옛날에 지나던 곳
누굴 위하여 자주 와서 앉는가
산들 바람에 꽃은 말하고자 하고
가랑비 내리니 풀이 새로운 빛 먹음었네
내일이요 또 오늘인데
늦은 봄도 아직 이 봄일세
먼 산에 구름이 점점 가까이 오니
알거라 의중의 사람 있는가.

이 밖에도 수많은 한시가 있으나 대강 위의 작품만 소개하고 접기로 하겠다. 다음은 그의 곧은 기개에 걸맞는 괴벽과 일화의 몇 토막을 공개하련다.

2. 곧은 괴벽

첫째 번 이야기

빼앗긴 명당 찾기

할아버지의 묏자리가 이른바 명당明堂이라고 해서 그 자리에 묘를 쓰면 장차 후손들 가운데 큰 인물이 나온다고 하여 동네 갑작부자가 된 자가 관아의 낮은 벼슬아치에게 뇌물을 써서 그 이른바 명당자리를 빼앗았던 것이다. 이에 어린 계호季皓-이상재의 어릴 때 이름-는 그런 부정을 그냥 넘길 수 없어서 옥천沃川 본향에 수려 가 있는 한산군수를 찾아갔다. 한산군수는 감짝 놀래서,

"아니 넌 이진사댁 계호 아니냐?"

"억울하게 빼앗긴 할아버지 묏자리를 다시 찾으려구 이릏게 체면 불구하구 찾아왔습니다. 꼭 한번 더 심리해 주시기 바랍니다."

"그건 이미 끝난 사건 아니냐!"

"그렇더라도 잘못된 것이라면 열 번이구 백 번이구 고쳐서 바로 잡아야 하지 않겠어요!"

"으음……."

그리하여 결국은 뇌물을 받은 아전을 찾아내서 벌을 주고 사건을 바르게 처리할 수 있었으며 명당은 다시 이상재네 것이

되었다. 이렇듯 이상재는 어릴 때부터 부정은 결코 용납하지 않았던 것이다.

둘째 번 이야기

짝짝이 버선짝

이상재가 젊었을 때 박정양 대감댁에 식객으로 있을 때 이야기다. 한번은 서로 짝이 다른 버선을 신은 채 집안을 돌아다니고 있었다. 한 짝은 새로 지은 비단 버선인데 다른 짝은 다 닳고 해진 헌 버선이었다. 그러자 모두 수군거리고 마침내 박정양 대감의 귀에도 들어가게 되었다.

"이서방은 어째서 짝짝이 버선을 신고 다니는가?"

"객지에서 지내는 사람이 별 수 있습니까. 우선 많이 떨어진 쪽부터 갈아 신었지요"

"허어 그거 참 질문보다 대답이 걸작일세 그려. 허어허어."

짝이 다른 버선을 신고도 아무렇지 않게 여기는 이상재의 대범함에 박정양은 더욱 그를 신임하게 되었다.

셋째 번 이야기

일년에 생일이 여러 번이면 어때

하루는 이상재가 툇마루에 걸터앉아 먼 하늘을 바라다보며

우울해 하고 있었다. 그날 따라 말수도 적고 사람을 피하는 수가 많았다. 그러자 박정양 대감이,

"이서방 무슨 좋지 않은 일라도 있었는가?"

"아무것도 아니올시다."

"자네 안색이 좋지 않은 걸……. 무슨 일인지 내게 얘기해 보게."

"실은 내일이 내 생일인데 객지에 홀로 떨어져 내 생일을 지내자니 절로 마음이 울적해집니다."

"이 사람아, 그렇다면 진작 얘기할 일이지."

그리고서는 부엌 하인들에게 내일 푸짐한 음식을 차리라고 일렀던 것이다. 그 일이 있은지 여러 날 뒤였다. 그날도 역시 심상해서 밥술을 몇 술 뜨지 않고 상을 물리는 것이었다. 그러자 그 연유를 묻자,

"내일이 내 생일인데 객지에서 그날을 지낼 생각을 하니 쓸쓸해서 그렇소."

그 말을 들은 하인들은 박정양의 부인에게 그런 말을 하자 부인은 허어 웃으면서 푸짐하게 상을 차려주라는 것이었다. 그 일이 있은지 또 며칠이 지나자 이번에도 시무룩하여 변변히 밥을 먹지 않았다. 그러면서 또,

"내일이 내 생일인데……."

그러자 이번에도 안방 마님이 술과 고기를 푸짐하게 차려주었던 것이다. 그러면서,

"객지에 나와 혼자 지내는 사람이 매일 생일이 되어도 무방하지요. 허허어……."

이상재는 그런 우스개에 넘친 사람이었다.

넷째 번 이야기

죄를 짓지 않았지만 연류됐으니 언제든지 잡아 가시오!

1894년 김옥균, 홍영식, 박영효 등이 일으켰던 개혁당의 개혁 운동이 일본군의 배신으로 삼일천하의 단명으로 실패에 돌아가자 홍영식의 추천으로 인천조폐공사의 직원으로 있던 이상재는 그 운동에 직접 관여는 하지 않았지만 홍영식과의 관계로 지금의 직책이 주어졌었기 때문에 자책감을 느껴 그때 체포 총책임자인 한규설韓圭卨을 직접 찾아가서,

"나는 홍영식과는 평소 친분이 두터웠으며 그의 추천으로 우정국 일을 보기까지 했소. 이번 일에 직접 가담하지는 않았다 해도 그 죄의 여파가 언제 내게 미칠지 알 수 없는 일이오이다. 내 이제 벼슬을 하직하고 고향 한산에 계신 노부모님들에게 고별 인사를 드리러 가는 길이니 후일 나의 죄상이 들어나 체포의 명령이 떨어지더라도 결코 도망치지 아니하오. 불의의 목숨을 구하지는 않겠소. 그리 아시오."

이렇게 말하고 고향 한산에 내려갔다.

갑신정변이 실패로 돌아간 후 조금이라도 연류된 사람들은

보복을 당할까 두려워 숨어 지내기에 급급한 상황인데 오히려 수사책임자 앞에 스스로 나타나 앞으로 있을 곳까지 일러주고 홀연히 떠나는 이상재에게 한규설은 크게 감복하였다. 보통사람으로는 흉내내기 어려운 용감한 행동이었기 때문이었다.

그 뒤 한규설은 이상재에 대한 문제는 하나도 캐지않고 그냥 지나칠 수 있었다. 비록 미관말직이었지만 우정국 사서자리를 물러나서 고향 한산의 넓은 들판과 정취있는 산과 들은 옛모습 그대로였지만 한성이라는 큰 곳에서 넓은 세상을 보고 있다가 한산의 좁은 세상은 너무 답답했다. 가끔 한성이 생각났다.

어느날 김홍집金弘集이 이상재가 한성에 와 있다는 말을 듣고 만나고 싶다고 했다. 이상재가 미국시찰에서 돌아온지 얼마 안된 때였다. 미국의 새로운 문물제도를 알고 싶었기 때문이었다. 또한 조선의 썩은 정치를 뜯어 고치려는 생각도 간절했던 것이다. 이상재를 만난 김홍집은,

"현재 조선은 탐관오리들의 행패로 백성들의 피해가 이만저만이 아닌줄 아오. 여덟 명만 없애 버리면 깨끗해질 터인데……."

"아닙니다. 세 명만 없애면 족합니다."

"뭐요? 세 명만?"

"예, 세 명만……."

"허어 그래두 될까?"

"충분합니다."

그 뒤 이상재는 3년 간이나 시골 한산에서 썩고 있었던 것이

다. 어떻든 이상재는 자기 목숨따위는 초개같이 여겨 죽음을 조금도 두려워하지 않았다.

다섯째 번 이야기

완전독립과 사회개혁으로……

갑신정변이 실패로 돌아가자 서재필徐載弼은 유독 미국으로 망명하였다. 그는 그 나라에서 대학을 나와 한국인으로서는 박사학위 1호로 미국의 민주주의 사회를 배워 그것을 우리 조선 사회에 심으려고 개혁의 깃발을 드높이 휘날리며 용악 고국에 돌아왔던 것이다.

그는 우선 중국의 지배하에 있던 우리 조선의 완전 독립을 위해 이른바 모화관慕華館, 영은문迎恩門이라는 치욕적인 이름을 뜯어 고치기 위한 '독립문건립위원회'를 조직하였다. 이상재李商在가 서재필, 윤치호尹致昊 등과 어울리기 시작한 것은 이 때부터였다. 그것은 마침내 <독립협회>로 발전하는 것이었지만.

왕세자가 거금 1,000원을 건립기금으로 냈으며, 따라서 정부 관리들도 기부금을 다투어 냈다. 그러자 그 사실은 <독립협회>의 기관지인 <독립신문>에 대대적으로 실리고 일반시민들도 다투어 기부금을 내어 순식간에 기금이 모였다. 실은 처음에는 고급관리들의 사교모임인 건양협회建陽協會가 주동이었으나 거의 그들은 <독립협회>에 들어왔으며 그 주도권이 서재필, 윤치호, 이상재가 잡게되자 고급관리들은 하나 둘 물러나고 마침내 일반시민들이 주도권을 잡게 되었다. 그 즈음부터 <독립협회>는 차츰 정부관리들 특히 썩은 그리고 외세에 찰싹 붙은 부패분자들을 공격하기 시작하자 <독립협회>는 민주주의를 북돋우는 인규운동단체로 바뀌게 되었다. 이때부터 이상재의 존재가 두드러지기 시작했다.

모임은 대체로 이상재의 사회로 진행되었으며 자유토론 형식으로 주로 정부관리, 더욱이 썩은 정부 고위 관리들을 공격하는데 많은 시간을 보냈던 것이다. 그 대부분이 외세에 빌붙은 권신들이 공격대상이 되자 집권 주로 아라사-러시아-세력에 빌붙은 이완용李完用, 조병식趙秉式 등의 분노를 격발시켰던 것이다. 그리고 그 상대는 주로 이상재였다. 그만큼 그는 그들의 미움을 샀던 것이다.

또한 <독립협회>의 주된 주장은 영국식 입헌군주주의였다. 임금을 그대로 두고 백성들이 주권행사를 하는 법치제도였던 것이다. 그런 이상적인 의회제도의 정립을 최후의 정치목적으로 두었다. 이에 전제군주의 비호아래 권력을 휘두르던 권신들의 반감은 참을 수가 없었다. 그리하여 이완용과 조병식의 미움은 더 참을 수가 없을 정도였다. 드디어 두 세력은 극도의 대립으로 치달았던 것이다. 결국은 충돌하게 되었다. 그러나 이상재는 물러서지 않았다. 그러므로 누구 한 쪽은 부러져야 했던 것이다.

여섯째 번 이야기

부일당附日党으로 몰려 국사범으로 잡힘

친러시아 일당에 의해 조작된 이른바 개혁당 사건으로 이상재 등 <독립협회>원들은 나라를 전복하려고 했다는 국사범으로 몰려 새로 만들어진 경위원에 의해 체포 구금되었다.

민영환을 회장으로 박정양을 부회장으로 하는 부일정당 조선협회朝鮮協會를 만들어 친일분자 박영효 등과 연결하여 이상재를 새로 만들어지는 공화정부의 내부대신으로 삼겠다는 속셈이라는 것이었다. 이에 경위원의 책임자 이근택李根澤으로 하여금 이상재 등 <독립협회>의 간부들을 체포 구금시켰던 것이다.

경위원은 박정희 군사독재정권의 중앙정보부보다 더 악랄한 고문을 감행하는 악질 탄압기관이었다. 이상재 등은 꼼짝없이 붙들려 들어가 갖은 고문 끝에 없는 사실을 자백할 수밖에 없게 되었다. 억울하지만 전제정권 밑에서는 어쩔 수 없는 숙명이기도 했다.

물론 이상재는 전운사 사건 때처럼 백성들을 위해서 목숨을 초개보다도 더 가볍게 여겼던 이번에도 백성들에게 잃어버렸던 권리를 되찾아주려고 애쓰던 일이었으므로 목숨 따위는 조금도 아깝지 않았다. 그리고 언제든지 목숨을 내놓을 수 있다고 굳게 마음먹고 있었다. 또한 머지 않아 <독립협회>의 주장이 옳고 현정권의 탄압이 그르다는 것을 깨달으리라고 굳게 믿고 있기도 했다.

"너희들 이제 곧 우리가 옳고 너희가 그르다는 것을 깨닫게 될 것이다."

아니나 다를까 러일전쟁에서 러시아가 지고 일본이 이김으로써 오히려 <독립협회>의 이상재를 비롯한 간부들은 무죄로 풀려나고 친러시아 중신들이 친일본으로 날쌔게 그 태도를 바꿈으로 모든 상황이 뒤바뀐 것이었다. 사필귀정이라든가. 이상재 등은 오히려 큰 소리를 칠 지경이었다. 그러나 그들 이상재 등은 결코 몸을 스스로 낮추어 그들 자기네를 고문하던 이근택 등 경위 간부들에게 공손히 대하여 그들 고문을 거침없이 자행했던 악질분자들에게 감명을 주었다. 물론 그것은 이상재의 지시에 의한 것이었다. 원수를 사랑으로 갚는 기독교정신의 본뜻이었다. 물론 이때는 아직 월남이 기독교에 귀의하기 전이었다. 이상재의 본바탕이 그렇게 착하기도 했던 것이다.

그 밖에 수많은 일화가 있으나 그건 <상청뒤의 이야기들>에서도 소개되었으므로 여기서는 이 정도로 끝내기로 한다.

독립협회 늙은 청년 월남 이상재의 한평생

1. 월남 이상재 선생은 1850년 11월 21일 충청도 한산군 북부면 종지리韓山郡 北部面 鍾芝里에서 고려조의 충절 삼은三隱의 한 사람인 목은 이색牧隱 李穡의 16대 종손으로 태어났다.
2. 1856년-6세-어린 계호季皓-이상재의 어릴 때 이름-가 처음으로 글방에 다니면서 글을 배우기 시작하다.
3. 1864년-15세-강릉 유씨江陵 劉氏와 혼인하였다. 이 해 처음으로 세상의 더러운 실상을 겪음. 할아버지의 묏자리가 풍수지리로 보아 이른바 명당明堂이라 하여 동네의 벼락부자의 농간에 빼앗겼다. 뿐만 아니라 아버지 희택羲宅을 옥살이까지로 몰아 넣었던 것이다. 이에 격분한 어린 계호는 그 길로 휴양차 본향인 옥천沃川에 가 있는 한산군수에게로 쫓아가서 재판을 다시 하도록 하여 마침내 바로 잡았다. 결국 첫

번째로 부정과의 싸움에서 이긴 것이다.

4. 1867년-18세-과거를 치르기 위해 때의 이씨왕조의 수부인 한성으로 갔으나 낙방하였다. 그러자 자결을 시도하였으나 다른 길로 출세의 길을 모색함. 박정양의 식객이 됨으로써 출세의 길이 열렸다. 그러나 과거도 이른바 명문 출신이라는 가문의 배경과 부자라는 돈-물품-으로 합격 불합격이 좌우된다는 것을 체험하고 두 번째로 부정부패의 현장을 보았다.

5. 1881년-32세-박정양, 홍영식, 어윤중 등 <신사유람단紳士遊覽團>을 따라 개화된 사회인 일본을 시찰함. 이 때에 홍영식과 인연이 되었다.

6. 1884년-35세-김옥균 등 개화당의 유혈 혁명으로 갑신정변甲申政變이 터졌으나 3일 천하로 실패로 돌아가고 김옥균 등은 일본으로, 서재필徐載弼은 미국으로 망명했다. 그 서재필이 미국의 개화된 참신한 사회를 조국 조선에 접목시키려고 꿈을 가지고 돌아와서 <독립협회獨立協會>를 창설하고 이상재와 연결이 된다.

7. 1887년-38세-6월에 박정양이 초대 주미공사-당시에는 대사가 아니고 공사가 국가의 전권을 대표하고 있었다-를 따라 일등서기관으로 수행하였다.

8. 1888년-39세-청나라가 이른바 첫째, 조선공사가 미국에 가면 먼저 청국공사를 찾아보고 그 안내로 미국의 국무장관-

외무부장관-을 만날 것. 둘째, 공식 연회석상에서는 조선 공사는 청국 공사의 다음에 앉을 것. 셋째, 중대사건이 있을 때 반드시 청나라 공사와 의논할 것 등의 굴욕적인 청나라의 상국으로 행세하려는 영약삼단을 내세워 그 오만함이 눈꼴 사나웠다. 이에 참지 못한 이상재는 직접 청나라공사 장음환張蔭桓을 찾아가서 그의 독특한 변설로 마침내 설복하는데 성공했다.

9. 1892년-43세-새로운 선진국식 통화정책에 따른 인천 전환국典圜局-조폐공사-의 위원이 되었다.

10. 1894년-45세-전라도 고부古阜 군수 조병갑趙秉甲은 조선시대의 상징적인 부패관리로 탐욕스런 수탈행위와 잔인한 가렴주구는 하나의 전형을 보여주었던 것이다. 이에 더 이상 견딜 수 없었던 농민들은 마침내 농장기를 들고 총검으로 무장한 관병들에게 대들었던 것이다. 이것이 세 번째로 월남의 부패 척결의 기개를 굳힌 자극제가 됐다. 이 해 군국기무처가 생기고 월남은 임금의 인사 비서인 右副承旨 經筵閣 參判으로 임명되었으나 공교롭게 부친 희택이 죽자 일체 관직을 버리고 낙향하였다. 곧 박정양朴定陽이 학부대신이 되자 학부아문참의 겸 학무국장이 되었다.

11. 1895년-46세-정부의 간청으로 다시 서울로 올라와 학부 참서관參書官으로 재취임하였다. 또한 조선정계의 실권자 명성황후가 일본의 낭인-일본의 양반계급인 사무라이武士인

데 일정한 직장이 없는 건달-들에 의해 학살된데다 그 시신까지 불태워지는 등 참혹한 이른바 을미사건乙未事件이 일어나자 고종황제는 신변의 위험을 느껴 국내에서 가장 강한 세력을 가지고 있다고 생각되는 아라사Russia 공관에 피해 숨어 지내면서 1년 간이나 나라를 다스렸다. 이른바 치욕의 아관파천俄館播遷이다. 이 때 월남은 내각총서-총무국장-였다.

이 때에 전운사轉運司라고 해서 전국의 백성들에게 거둔 세미를 수부인 한성으로 가져 오는데 도중에 높은 벼슬아치들이 수량을 속이거나 하여 부정이 많았다. 그래서 백성들의 원성이 높아 파했다. 그래서 돈으로 바꾸기도 했으나 제대로 시행되지 않았다. 그걸 다시 설치하자는 것이었다. 그 관아야말로 부정부패의 온상이라고 기피한 월남은 간교한 권신들이 심약한 전제군주 고종황제의 윤허-임금의 허락-를 받아 재설치의 공포를 재촉하고 있으나 그것은 결국 백성들 곧 인민을 괴롭히는 악정이므로 실질적인 책임자인 내각총서 이상재는 목숨을 걸고서라도 절대로 공포치 않으려고 마음 속 깊이 다짐했었다. 그것은 마침내 고종을 나쁘게 만드는 실정失政이 되며 나쁜 임금으로 만드는 것이니까! 하도 재촉이 심해 그 거머쥔 서류를 들고 아라사 공관으로 최종적인 윤허를 받으려고 고종을 알현하려 갔다.

고종이 임시로 정사를 하는 청사에서는,

"뭐? 이상재 국장이 전운사의 재설치 문건을 거머쥐고 공포를 미뤄? 아니 월남의 목은 몇 개라더냐? 아니 그놈의 목에는 칼이 들어가지 않는다 더냐?"

만능의 전제군주 고종의 목소리는 격앙되어 있었다. 금세 터지려는 판이다. 그러나 고종도 깨달아 그 전운사를 폐지키로 하여 월남은 오히려 충신으로 칭찬을 받았다. 살려고 하면 죽고 목숨을 내놓고 죽기로 작정하면 산다는 성경 말씀이 어쩌면 그렇게 실제로 증명되는지 정말 신통했다.

12. 1898년-49세-서두른 감은 있으나 대영제국大英帝國처럼 정체를 입헌군주국가로 바꾸자고 과감하게 상소上疏하였다.
13. 1902년-53세-이완용 등 친러 수구파 탐관오리를 신랄히 규탄함으로써 그들의 극단적인 미움을 사고 그럼으로써 오히려 반격적인 음모로 17명이 투옥까지 당한다. 개혁을 주도하는 <독립협회>의 간부들을 송두리째 없애 버리려는 그들의 모함은 끈질기게 이어져 마침내 새로이 만든 악질 고문 기관 경위원으로 하여금 목숨까지도 끊어버리려고 했다.

더욱이 월남은 나이 들어 직접 다루기는 어려워서 간접 고문으로 둘째 아들 승인承仁이를 심하게 다루어 열일곱 번이나 까무러 치는 심한 고문을 받았다. 아무리 강심장이라도 혈육이 당할 때 그 괴로움이 어쩐지는 사랑을 한 사람이라면 잘 알 것이다.

다만 선교사들이 차입해 준 성경과 찬송가와 그밖의 많은 종교서적을 읽음으로써 기독교에 대한 관심을 가지게 되었고 마침내는 그 동안 금과옥조처럼 굳게 믿던 유교를 떠나 기독교로 개교하는 계기가 되었다. 특히 어느 누가 그랬는지는 모르지만 마룻바닥 삿자리 밑에 넣어 놓은 요한복음서를 읽고 새로운 세상을 알게 되어 그것이 결정적인 전기가 되었다.

14. 1904년-55세-러일전쟁이 일어나고 일본이 이김으로써 모든 국사범이 풀려남으로써 월남 등 모든 <독립협회>의 죄수들이 밝은 하늘을 다시 보게 되었다. 월남은 다른 도전자들과 함께 서울 연동교회蓮洞敎會에서 세례를 받고 교인이 되었다. 이때부터 제2의 인생이 시작된다. 황성 기독교청년회Y.M.C.A.에 가입하기도 한다.

15. 1905년-56세-일본은 전쟁에 이긴 다음 의기가 등등해서 조선에 대해 강압적으로 나왔다. 조선의 외교권을 빼앗는 이른바 을사보호조약乙巳保護條約을 강요했다. 이에 반발하여 의정부참찬議政府參贊 이상설李相卨이 사표를 내던지고 자리를 박차고 이준李儁과 함께 네덜란드 수도 헤이그에서 열린 만국평화회의에 가서 울분을 토하였다. 한편 월남 이상재는 청년이라는 새로운 낱말에 매력을 느껴 그 뒤로부터는 그 청년을 위해 여생을 바친다.

16. 1906년-57세-갑신정변의 실패로 미국에 망명갔던 서재필이 조국 조선을 혁신시키려는 부푼 꿈을 안고 돌아왔다. 오래

전부터 미국의 개화된 사회제도를 익혀 온 좌옹 윤치호도 이미 귀국해 있어서 새 개혁의지의 선각자들이 손을 잡고 앞장서려는 것이다. <독립협회>가 창설된다.

17. 1907년-58세-<독립협회>는 청나라를 상국으로 받들어 오던 우리 대한제국을 참된 독립국가로 자리매김시켰다. 따라서 모화관慕華館을 독립관獨立舘으로 영은문迎恩門을 독립문獨立門으로 이름을 바꾸어 진짜 독립을 다짐했다. 아울러 종로의 육의전六矣廛-물건을 팔고 사는 장사거리-으로 붐비고 있던 이씨 조선의 상가가 모여 있던 장사거리의 중심지인 종로-일설에는 지금의 광화문 네거리인 종로1가 곧 <동아일보> 북쪽 건너편 가로소耆老所가 있는 곳이라고도 한다-하여튼 종로 네거리에서 당시 한양의 인구가 17만명이라고 하는데 근 1만명이라는 사람의 구름떼가 모였다고 하는데 우리 백의민족 5천년 역사 이래 처음으로 많은 숫자가 모여 그리스식 직접민주주의로 <만민공동회萬民共同會>-관민공동회가 발전한 것-에서 획기적으로 지금까지 사람 대접을 받지 못하고 있던 인비인人非人인 백정이 버젓히 단상에 올라가서 정부를 성토하였다는 사실이다.

세상이 바뀌어도 많이 바뀌었던 것이다.

18. 1907년-58세-부인 유씨와 아들 승윤을 잃었다.

19. 1908년-59세-수원군수水原郡守로 가 있던 둘째 아들 승인이 갑자기 죽는다. 연이어 아내와 두 아들 이렇게 셋 씩이나

근친을 저 세상으로 떠나 보내자 아무리 강철 같은 의지의 월남도 풀이 완전히 꺾였다. 더 살 의욕도 잃어버린 그는 더 살아갈 자신도 없어 고향 한산에 내려가서 선형에 마지막 인사를 드리고 이 세상을 하직하려고 마음 굳히고 한산으로 내려갔다. 그 동안 월남의 행동이 수상해서 일일이 그를 살펴보던 둘레에서 마침내 단안을 내려 그를 납치하다시피하여 자결은 성경말씀에도 죄악이라는 것을 간곡히 설득하였다. 월남도 기독교 신자이니 만큼 깊이 깨달아 혼연히 마음을 돌이켜 다시는 죽을 것을 생각 안하고 목숨은 하나님이 주신 은혜이니 스스로는 끊는 것은 하느님의 계명을 어기는 범죄라고 깊이 뉘우쳤다. 심기일전 전심으로 청년의 교육에 몰두했다.

20. 1910년-61세-한일합방韓日合邦. 군국주의 일본은 대한제국의 황실을 보호해 준다는 미명을 앞세워 한국의 주권을 송두리째 삼켜 버렸다. 그들이 말하는 이른바 일한합병日韓倂合이다. 이 해 미국에 가 있던 이승만李承晩을 불러다가 <전국 기독교 학생회 하령회>를 열었는 데 10월 26일이 월남의 회갑이라 잔치를 베풀려고 하자 나라를 빼앗긴 주제에 무슨 잔치냐고 음식 차리는 걸 엄금. 한편 월남은 전국에 걸쳐 100만명 구령운동을 구국운동으로 승화시켰다.

21. 1911년-62세-셋째아들 승간承侃 마저 죽었다. 월남은 아들 셋 씩이나 모두 앞세운 셈이다. 그리고 이른바 105인 사건으

로 평생 유일한 동지로 믿고 왔던 좌옹 윤치호마저 4년이나 감옥에서 썩게 됐으니 한 팔이 떨어져 나가는 것 같았다. 105인 사건이란 압록강에 새로 놓는 개폐교의 준공식에 데라우찌 마사다께寺內正毅 조선총독이 참석하러 가는 도중에 안중근-만주 하얼빈 역두에서 조선 침략의 원흉 이토 히로부미를 저격 사살한 의사-의 사촌 동생인 안명근安明根이 경의선 선천宣川역에서 저격할 계획을 세웠다고 하고 그 음모가 Y.M.C.A.의 하령회에서 꾸며졌다는 것이다.

그리하여 당시의 비밀지하 정치단체인 신민회新民會의 주요 구성원인 윤치호, 이승훈, 양기탁, 노백린, 이동령, 전덕기, 김홍량, 김구 등을 비롯해서 700여 명이 구속되었다. 다만 최종적으로 남은 피의자가 105인이어서 105인 사건이라고 부른다. 그 때 월남은 아들 승간의 장례를 위해 고향 한산에 내려가 있어서 다행히 난을 면했다. 하지만 Y.M.C.A.의 창시자이며 지도자격이었던 질렛트 총무가 추방되어 안팎으로 큰 타격이었다.

22. 1913년-64세-이상재가 조선사람으로서는 처음으로 총무가 되었다. 일본 측에서도 바라던 바지만 외국인 운영진이 사라지고 조선인만의 기독교청년회로 탈바꿈하고 조선인들이 전적으로 운영을 맡게 되었다. 권한도 커졌지만 그만큼 짐도 무거워졌다.

23. 1914년-65세-<조선기독교청년회 연합회>가 조직되었다. 서

울중앙 Y.M.C.A.를 비롯해서 도쿄 Y.M.C.A. 그리고 경신 배재 전주의 신흥新興 광주의 숭일崇一학교 등의 Y.M.C.A.가 모였다. 물론 실업학교의 운영으로 서울중앙기독교청년회는 경제적으로 자립할 수 있었다.

24. 1919년 3월 1일-70세-고종임금이 붕서하여 그 인산因山-국장國葬-으로 임금의 장례를 모시는 일-날인 이 날을 기해 천도교의 손병희, 최린과 기독교의 이승훈, 길선주 그리고 불교의 한용운, 백용성 등 한국의 종교계를 대표하는 지도자들이 중심이 되어 종로의 태화관 종로 지점에서 독립선언서를 낭독함으로써 온 민족이 들고 일어났다. 3・1독립만세 사건인 것이다.

대한독립만세!

대한독립만세!

월남도 당연히 사건을 뒤에서 꾸몄으리라고 추측되어 즉각 구금됐다.

25. 1923년-74세-4월에 교육을 통해 보다 근본적으로 항일의 간성을 키우려고 민립대학기성회를 만들었다. 이승훈, 유진태, 한용운, 최린, 조만식, 이갑성, 현상윤, 김성수, 허헌, 임치정 등 정치계 교육계의 많은 지사들이 통틀어 나선 거족적인 운동이었다. 대한제국이 일본 제국에게 삼키우기 전에 일본으로부터 막대한 빚을 졌는바 그 빚을 갚기 위해 국채보상운동을 벌렸다. 순식간에 600만원이라는 거액이 모였다. 그

러나 대한제국이 망하고 일본제국에게 빼앗기게 되자 빚을 갚을 필요가 없게 되었다. 그러던 차에 한번은 윤치호, 남궁억, 박은식, 노백린, 양기탁, 유원표 등이 한 자리에 모여 그 돈을 도로 나눠 주는 것도 어려우니 아예 대학을 세우는데 쓰는 것이 어떠냐는 의견을 낸 사람이 있었다. 이에 위원장으로 이강재가 만장일치로 뽑혔고 상임위에 오산학교의 창설자 이승훈과 유진태 등이 선출되어서 이리 뛰고 저리 뛰고하여 눈깜짝할 사이에 목표액을 넘겼다.

헌데 호사다마라 조선총독부의 미즈노 렌따로오水野鍊太郎라는 고도한 정치기술자가 선수를 쳐서 관립으로 경성제국대학京城帝國大學을 개교했던 것이다. 사사건건이 방해를 하는 것이었다. 이상재의 애오라지의 꿈도 깨졌다.

26. 1924년-75세-조선소년척후단朝鮮少年斥候團 Boy Scout의 총재로 추대되었다. 9월 <조선일보>사의 사장으로 청빙되다.

27. 1925년-76세-4월 15일 경운동 천도교회당에서 열린 <제1회 전조선기자대회全朝鮮記者大會>가 열렸다. 그 목적은 일제의 경제적 착취기관인 동양척식주식회사 등 일제의 노골적인 침략의 마수들을 공개적으로 규탄하는데 있었다. 바야흐로 사회주의 사조가 아시아의 젊은이들에게 만연하던 때라 더욱이 사회의 첨단을 걷고 있다고 자처하는 신문기자들이라 역시 또 아서원雅舒園에서 조선공산당 창당대회가 열리고 있으므로 그것을 지원하려는 좌익청년들의 소란은 대단했

다. 월남은 본디 회의 진행에 탁월한 재치를 가지고 있었으며 또 남보다 갑절 애도 쓰곤 하였다. 너무 떠들어 회의가 재대로 진행되지 않자 준비위원들은 사회의 명수 월남에게 부탁하였다. 그는 강단에 올라서자마자 한참동안 청중석을 조용히 내려다 보았다. 계속 떠들어댔다. 이윽고 월남은 함바탕 크게 웃어 제꼈다. 느닷 없는 홍소에 객석은 조용해졌다. 월남은 천천히,

"내사 어째 웃는지 아시오? 하도 기가 막혀서 그러오!"

그리고서는 또 한동안 가만 있다가,

"아무래두 떠드는 걸 막기 위해선 사찰이 필요할 것 같은데 여러분 어떻소?"

"좋습니다!"

월남은 가장 떠드는 사람을 사찰로 지명했다. 그 다음부터는 회의가 일사천리로 진행되었다.

28. 1927년-78세-민진영좌파-자치로 만족하려는 개량주의가 아니고 완전 독립을 쟁취해야 한다는 극단파-와 사회주의 진영이 통합한 반일통일전선으로 조선총독부가 공식적으로 허가한 조직으로 <신간회>라 일컬었다. <신간회>란 '고목에 싹이 튼다'란 뜻으로 일설에는 벽초 홍명희가 지은 이름이라고도 한다. 월남 이상재 더러 그 회장으로 취임할 것을 조병옥과 홍명희가 간청했으나, 나이 들고 병약해서 극구 사양하자 우창 신석우를 통해 설득하여 가까스로 명색만의 총

수를 수락했으나 3월 29일에 그만 향년 78세로 영면하였다. 전 국민의 애도 속에 사회장의로 유해는 충청남도 한산韓山의 선영에 안장되었다.

『지조를 지킨 지도자들-남강 이승훈』에 있어서는 <학교법인 오산학원> 이영근 이사장과 <남강문화재단>의 심창룡 상임감사에게 큰 도움을 받았다.

『지조를 지킨 지도자들-백범 김구』에 관해서는 친우인 현 <백범 김구 선생 기념사업협회> 고문인 김우전 회장으로부터 여러 가지 자료제공과 많은 조언을 받았다.

『지조를 지킨 지도자들-고당 조만식』에 관해서는 <고당 조만식 선생 기념사업회>의 박재창 상임이사의 도움을 크게 받았다.

『지조를 지킨 지도자들-월남 이상재』편에 있어서는 <평생교육복지진흥회 회장 겸 월남장 증정위원회> 박규채 위원장으로부터 도움을 받았다.

『지조를 지킨 지도자들-도산 안창호』에 있어서는 흥사단 이사장이었던 주요한 씨의 『안도산전서』에 힘입은 바 컸다.

더욱이 아내 김혜경이 항상 옆에서 의견을 보태주어 말하자면 두 사람이 같이 쓴 샘이 되었고, 이번에 책이 나오게 됨은 큰아들 김진왕과 첫째 며느리 최미순, 또 둘째아들 김진준과 둘째 며느리 김성복의 도움이 없었다면 출판이 어려웠을 것이다.

한편 조카 사위인 연세대학교 문경환 교수의 추천으로 <도서출판 월인>의 박성복 사장과 연결되어 이렇듯 출판되게 된 데에 감사한다.

그리고, 이글을 쓰기 시작한 것이 내가 '미국'으로 이민 온 다음 다음 해인 1988년부터이므로, 지금까지 전작이 씌어진 것이 근 17, 8년에 이르렀다고 할 것이다. 말하자면 그만큼의 노작인 셈이다.

2010년 가을
당째 김경옥

이렇게 살아왔다

당째 김경옥 金京鈺 Kim, Kyung Ok

주후 1925년 2월 25일, 平安北道 定州郡 德彦面 大山洞 慕顔中里 <당째> 아랫 마을에서 태어났다.

1932년 五山 私立普通學校에 들어갔고, 이어 1937년 오산 사립고등보통학교에 들어가서 5년 간의 수업 끝에 졸업하고 <일본 동경>에 가서 재수하다가, 고향 오산학교가 있는 定州郡의 幕山面의 경의선 고읍에 돌아와서, 사립초등학교의 교원으로 있는데,

1945년 8월 15일, 일본군이 항복하여, 조국이 해방되고,

1946년 6월, 기독교 사회주의를 표방한 <古邑青年同盟>의 위원장으로 있으면서 새 해방 조국의 건설에 힘쓰려고 했으나, 대낮의 날벼락으로 이른바 <모스크바 三相會議>에서 <信託統治>가 발표되자, 反託運動을 전개하다가 하루 아침에 친탁으로 돌변한 공산당에 의해, 肅清 당하고 남쪽으로

亡命하였다.

1946년 다행히 高麗大學校의 입학시험에 들었으나, 등록금을 마련하기 위해 다시 그 지옥 같은 북한땅 평양으로 갔다가, 千辛萬苦 끝에 간신히 또 다시 자유의 서울에 돌아왔다.

1946년 10월, 좌익이 國大案反對 투쟁으로 들끓던, 가뜩이나 공산당이 날뛰던 해방정국에서, 그들과 맞서서 싸우는 데는 여간한 용기가 필요하지 않았다.

1947년, 대학신문 <고대신보>의 創立委員으로 창간 1주년 기념행사인 <고대신보 창간 1주년 기념문화제>를 조직한 그 대표자로, 아일랜드 Iirland의 극작가 샨 오케이시 Sean Ocaisy의 <쥬노오와 공작 Juno and Peacock>을, 뒤에 國立劇場이 된 명동의 <市公館>에 상연 대성공을 걷우었다.

1948년 2월에 예과 과정인 제1전문부를 나오고 곧바로 동 대학교 英文學部에 진학했다.

1949년 7월, <全國學生文總> 最高委員에 선출되었다.

1949년 10월 초에, 柳致眞 씨가 회장으로 있는 <韓國演劇學會> 주최의 <제1회 전국남녀대학 연극경연대회>에 <고대극회>는 이태리 극작가 루이지 피린델로R. Pirandello의 <天痴>로 당당 수석 입선했다. 이 때 승무의 시인 趙芝薰 지도교수는 공연비가 딸려 장치를 못 찾고 있는 극회의 딱한 사정을 보고 자기 봉급을 선불 받아 극회의 어려움을 도와 주었다.

1949년, <대학극회>를 조직했다. 김경옥은 연출자 李化三의 추천으로 한국 초연의 오페라 <카르멘>의 演出者로 추천되어, 평생의 반려인 합창단원 金蕙卿을 만났다.

1950년 6월 25일, <중앙여자고등학교> 지하실에서 연극을 가르치던 중, 同族相殘인 참극 韓國動亂이 일어났다.

1950년 9월 서울수복 뒤, <現代群舞團>의 <平和의 攝理>를 按舞했다.

1951년, <무용소대장>으로 1·4 후퇴하고, 대한민국 공보처의 계몽운동으로 <중앙여자고등학교> 계몽대를 이끌고 남한 일대를 도는 가운데 濟州島에서 평양 이앗다리 안면옥을 만나 오랜만에 먹고 싶었던 냉면을 실컷 먹었다, 그리고 慕瑟浦 國民兵訓練所에서 동향 친구 金陽濟를 만날 수 있었다.

1951년 겨울, 趙東華와 함께 鎭海의 교육도서관 문관으로 갔다.

1952년, <고대신보>의 復刊을 위해 馬山으로 가서, 대학 선배들에게 자금 지원을 부탁해서 성적을 걷우었고, 다시 부산에 돌아와서 龍頭山에 판자집을 전세 내어 송원영 군과 같이 집을 빌려 살게 됐다.

1953년 봄에 대구에 올라 가서 고려대학교를 졸업 英文學士가 되었다. 이때 장편 희곡 <성웅 이순신>이 準當選되어 文壇에 登壇 되었다.

1952년 여름에 서울대학교 사범대학에서 영국작가의 <배>라는 연극을 연출하였다. 이어, 대구에서 고대극회의 소포클

레스 원작 <오이디프스> <코로노스의 오이디프스> <안티고네>들을, 연출하여 문화극장에서 상연하였다. 최창봉 연기지도, 영원한 벗 조동화 미술이었다.

1953년 여름에 다시 부산에서 이번에는 朱耀翰-同人詩 創造에 <빗소리> 등 시를 발표한 시인이면서, 화신산업의 전무로 연쇄점을 만들어 和信百貨店을 살린 경제인이면서, <민주당정권> 때 상공부장관을 지낸 바 있는 정치가이기도 하고, <興士團>의 이사장도 지낸 바 있다-씨 밑에서, 金在淳 씨-뒤에 대한민국 국회의장을 역임 했음-와 함께 퓨처서비스 Future service를 전문으로 하는 <新潮社>에 근무했다. 이때부터, 金奎成 선생, 김재순, 宋元英-장면 총리의 공보비서를 지냈으며, 東大門區에서 國會議員에 다섯번 당선된 바 있었음-崔桂明-서울특별시 내무국장을 지내다가 5·16으로 숙청됨-들과 사귀었다.

1953년 겨울, 환도하였다.

1954년 7월 17일 저녁 7시, 서울 安國洞의 安洞教會에서 李今植 목사 주례로 金鍾大 牧師의 맏딸 金蕙卿 양과 결혼식을 올렸다. <가고파>의 작곡자 金東振 씨가 신랑 김경옥이 지은, <새로운 계절>이라는 詩를 작곡한 노래를 직접 불러 결혼식을 축하해 주었다. <안동교회>는 대통령을 지낸 바 있는 尹潽善 씨 등도 다니는 예배당으로 유명하다.

1954년 7월, <한국 UNESCO> 선전과장으로 취임하여, 대학생들로 조직된 계몽대를 이끌고 강원도의 華川 楊口 등 수복지구로 출장갔다. 그 곳에서 <敵軍墓地가 있는 마을의 夜話>의 詩想을 얻었다.

1955년 11월 17일, 맏아들 晋汪을 얻었다.

1956년 9월, 清州大學의 專任으로 부임하였다.

1956년 겨울에 서울 중구 을지로 舟橋洞 김경옥 집에서, 車凡錫, 崔彰鳳, 吳史良, 조동화, 盧熙燁 등과 <制作劇會>를 창립하였다.

1956년 가을, I.T.I 한국본부 사무국장이 되었다.

1957년 10월 9일, 둘째 晋俊을 얻었다.

1958년, 시집 <灰色의 거리를 걸어간다> 출간하였다. 시인 辛東門씨가 '멍든 낭만이라'는 평을 하였다.

1958년, 民主黨 서울시당부 文化部長이 되었다. 따라서 민주당 대통령 후보 海公 申翼熙의 宣傳要員이 되었다.

1959년 4월 18일, 시위를 끝내고 돌아가던 고려대학교생들이 동대문에서 정치깡패의 졸도 임화수의 똘마니들에게 습격당하였고, 그것을 계기로 <4・19학생혁명>이 일어났다.

1959년 4월 26일, 자유당의 대통령 李承晩 獨裁者가 下野를 선언하고, 許政過渡政權이 태어났다.

1960년 11월, <舞臺藝術 協議機構>가 성립되고 김경옥이 그 의장이 됐다.

1960년, <서울특별시 文化委員>, <文教部文化保存委員>에 위촉되

었다.

1961년 5월, 大韓民國 國務院事務處 公報局長(2級甲 理事官)에 임명되었다. 5・16 군사혁명으로 파면되었다.

1962년, <制作劇會>에 의해 <山女人>이 드라마센타에서 상연되었다.

1963년 4월 25일, <東亞放送局>이 개국하는 날부터 1년 3개월 여에 걸쳐 우리나라 최초의 實錄劇-다큐멘타리-Documentary drama <黎明 80년>을 집필하였다. 따라서 <創造社>에 의해 출판되어, <韓國出版文化賞> 著作賞을 받았다.

1968년 봄, <예그린악단> 단장이 되었다.

1970년, 국립극장에서 가면극 <山臺놀이>를 편극, 연출하고, 장막극 <新羅人>이 상연되었다. 國立劇場 運營委員이 되었다.

1971년, <韓國演劇協會>의 副理事長, <韓國戲曲作家協會> 副會長에 선출되었다.

1960～1988년, <한국문인협회> <한국연극협회> <국제펜클럽 한국본부> 회원으로 있었다.

대학강, 문학평, 연극평, 무용평 등 30여년 집필하고 있다.

1988년 7월 17일, 美國으로 移民하였다.

1994년, 한국 YWCA의 성극 <에스더>를 연출하였다.

1995년, 선교극단 <부활> 창단 그 단장에 취임하였다.

1988～2006년, <平安道民會> 이사를 역임하였다.

2002년, <咸錫憲記念事業會 시카고지회>장 역임.

2006년 11월 10일, <月南章> 받음.
2010년 11월 9일, 별세.

· 지은 책들

『한국근대 풍운사 黎明 80년』(전5권), 희곡집 『公演날』 『功德人』, 학술논문 「演劇槪論」, 실명소설 『志操를 지킨 指導者들』(월남 이상재, 남강 이승훈, 백범 김구, 도산 안창호, 고당 조만식)-전5권-출판 예정 등

· 주소

4606, N. Sheridan rd. #1209 Chicago IL. 60640, Tel 1-773-989-6895

지조를 지킨 지도자들 4
월남 이상재

초판 1쇄 인쇄 • 2011년 2월 7일
초판 1쇄 발행 • 2011년 2월 10일

저 자 • 김경옥
발행인 • 박성복
발행처 • 도서출판 월인
서울특별시 강북구 수유2동 252-9
등 록 • 제6-0364호
등록일 • 1998년 5월 4일
전 화 • (02) 912-5000
팩 스 • (02) 900-5036
www.worin.net

ISBN 978-89-8477-473-5 (세트)
ISBN 978-89-8477-477-3 04810

값 13,000원